为什么我的青春期孩子不和我说话？

Why Won't My Teenager Talk to Me?

（原著第二版）

（英）约翰·科尔曼（John Coleman） 著

蔺秀云 王晓菁 刘胜男 译

化学工业出版社

·北京·

Why Won't My Teenager Talk to Me？ 2nd edition/by ROUTLEDGE
ISBN 978-1-138-56047-5
Copyright © 2019 John Coleman

Authorized translation from English language edition published by Routledge, an imprint of Taylor & Francis Group LLC. All Rights Reserved.

本书原版由 Taylor & Francis 出版集团旗下 Routledge 出版公司出版，并经其授权翻译出版。版权所有，侵权必究。

Chemical Industry Press is authorized to publish and distribute exclusively the Chinese (Simplified Characters) language edition. This edition is authorized for sale throughout Mainland of China. No part of the publication may be reproduced or distributed by any means, or stored in a database or retrieval system, without the prior written permission of the publisher.

本书中文简体翻译版授权由化学工业出版社独家出版并仅限在中国大陆地区销售。未经出版者书面许可，不得以任何方式复制或发行本书的任何部分。

Copies of this book sold without a Taylor & Francis sticker on the cover are unauthorized and illegal.

本书封面贴有 Taylor & Francis 公司防伪标签，无标签者不得销售。
北京市版权局著作权合同登记号为：01-2020-2277

图书在版编目（CIP）数据

为什么我的青春期孩子不和我说话？／（英）约翰·科尔曼（John Coleman）著；蔺秀云，王晓菁，刘胜男译．—北京：化学工业出版社，2020.8（2025.6重印）
书名原文：Why Won't My Teenager Talk to Me？
ISBN 978-7-122-36997-0

Ⅰ．①为… Ⅱ．①约…②蔺…③王…④刘… Ⅲ．①青春期-家庭教育 Ⅳ．①G782

中国版本图书馆 CIP 数据核字（2020）第 085194 号

责任编辑：赵玉欣　王新辉　　　　　　　装帧设计：尹琳琳
责任校对：盛　琦

出版发行：化学工业出版社（北京市东城区青年湖南街 13 号　邮政编码 100011）
印　　装：三河市航远印刷有限公司
880mm×1230mm　1/32　印张 7½　字数 153 千字　2025 年 6 月北京第 1 版第 12 次印刷

购书咨询：010-64518888　　　　　　　售后服务：010-64518899
网　　址：http://www.cip.com.cn
凡购买本书，如有缺损质量问题，本社销售中心负责调换。

定　价：59.80 元　　　　　　　　　　　　　版权所有　违者必究

多变的青春期需要善于应变的你

"孩子怎么什么都不跟我说啊?"

"你一问,她就跟你急,可怎么办呢?"

"看着他犯错,想给他建议,可是他根本不听呀,怎么办?"

"他不跟你说,你一点办法都没有,您作为专家有什么好办法吗?"

我在做心理咨询和家庭治疗时,经常被父母们问到类似的问题。父母觉得孩子到了青春期像变了一个人,完全不懂他们在想什么、做什么。感觉孩子一心要把父母推开,他们似乎不需要父母只需要朋友,但问题是孩子交友不慎怎么办?孩子虽然已经长大,但还远未成熟,他们很可能因冲动和不谙世事而走入歧途,这些风险怎么控制?对青春期孩子到底如何把握"管"和"放"的尺度?

《为什么我的青春期孩子不和我说话?》或许可以帮父母们解惑。这本书原著作者约翰·科尔曼博士是英国牛津大学高级研究员、青少年心理咨询师，他还是英国政府青少年相关政策顾问，被英国媒体誉为"最懂青春期孩子的人"。针对青春期这一重要而艰难时期的教养，他结合最新实证研究成果和自身长期与青春期孩子及家庭工作的实践，写作了本书。下面我就带着大家对书中精华先睹为快。

1. 青春期为什么对孩子和对父母都很难？

青春期，一向是被称为疾风暴雨的时期，是孩子与父母"斗争"最激烈的时期，是亲子关系最差、最难调节的时期，也是父母最头疼最难熬最无力的时期，父母们常常为此苦恼不已、无计可施。

这个时期之所以这么难，不只是因为我们理解到的孩子长大了翅膀硬了，敢于与父母抗衡了，而更多的是由青少年脑发育发展特点决定的。

约翰·科尔曼总结以往相关研究，为我们介绍了青春期大脑经历的巨大变化。大脑的所有区域在青春期都有显著的生长，大脑中约有1000亿个神经细胞正逐渐走向成熟，包裹神经纤维的物质——髓鞘也得到了强化。这一变化带来的直接结果就是，青少年的大脑加工信息的能力更强，信息能更快、更有效地在大脑中传递，因而看起来青少年的反应速度极快，尤其是"怼"父母的时候。

除了大脑的快速发育，这个时期，大脑主要有两个区域发挥了重要作用，分别是前额叶皮质和杏仁核，前额叶皮质是负责思考、计划和解决问题的区域，而杏仁核是负责情绪、感觉和觉醒的区域。如果两个区域同步发展，那就皆大欢喜了，**但要命的就是，这两个区域的发展不是同步的，即杏仁核这个负责情绪和感觉的区域发育速度通常比前额叶皮质要快，导致青少年容易感情用事，并且不容易感知到一些危险行为。**甚至，很多时候，由于杏仁核带来的情绪波动，一些青少年思考不严密，甚至考虑不到他们行为（如不去上学）的后果。再有，在这个时期，大脑中与快乐和激励相关的部分是非常活跃的，青少年们在追求快乐和激励的过程中也会比较莽撞，而大脑前额叶皮质还没有发育出足够的控制能力，再加上激素的强力作用，更是容易失控。

还有一点在青春期特别突出，就是这个时期由杏仁核区域主管的情绪波动大，常常让青少年像坐过山车一样，他们的情绪有时会从一个极端到另一个极端，上上下下，来来回回。许多青春期孩子感觉自己的情绪一片混乱，可以在一天之内既悲伤又快乐。**情绪波动大的人可能连小事都无法解决，所以管理情绪变得非常重要，而青少年大脑前额叶皮质的调节控制能力又达不到成人的水平，所以青春期的"喜怒无常"令青少年自己和父母都很困惑，这对亲子之间的关系产生了非常大的破坏作用。**

除了大脑发育对青少年思维、情绪和行为产生了非常大的影响外，青少年的心理也面临着较大的变化。青春期伊始，青少年开始关注别人对自己的看法，总感觉自己站在舞台的中央被他人关注，他们的自我概念以及自我价值感很大一部分来自于别人的关注与评价，所以这个阶段他们都会担心自己是否正常，关注自己的表现如何，在意自己的形象是否吸引人等。尤其是在青春期早期，他们会对自己在别人眼中的样子不大满意，陷入这样担心的青少年，情绪和行为随着别人的反应而呈现出巨大的变异性。**由于自我关注，这个时期青少年的行为也表现出另一个特点，他们给人的印象是非常以自我为中心的，难以考虑到他人；他们仿佛是世界唯一，似乎只活在当下，难以考虑到长久发展，这也给青春期亲子关系造成了巨大的挑战。**

所以，整个青春期尤其是青春期前期（初中阶段），对孩子和父母来说都很难，过了这个阶段，随着孩子大脑的继续发育，调节控制情绪的能力提升，自我同一性建立，这个艰难的时期才能慢慢过去，此后就没有比这更难的时期了。

2. 与青春期孩子沟通为什么难上加难？如何才能打破僵局？

似乎是在一夜之间孩子有了心事，门上了锁不让进，手机设了密码不能看，进家一句话没有，啥都不让说，于是父母们陷入说也不行不说也不行的两难境地。约翰·科尔曼凭借多年实践经验指出：

• 青春期孩子会交流，但并不总是在父母选择的时间；

• 青春期孩子会交流，但不会谈论他或她认为是隐私的事情；

• 青春期孩子会交流，但如果他或她感觉谈话变成审讯的话，那就不会了；

• 青春期孩子会交流，但如果感觉父母很忙、心不在焉或者被打扰的话，那就不会了。

这几句让父母反思自己与孩子沟通的方式，也提示父母要把握好跟孩子交流的火候。约翰·科尔曼博士指出，要想与青春期孩子的沟通不再那么难，就要把握好以下几点，包括找准好的时机、采用有效的方式沟通、多分享自己的世界、善于倾听孩子、多在行动上表达对孩子的爱等，详述如下：

● **找准好的时机**

就是要选择孩子情绪好的时候、比较放松的时候与孩子交流。接送孩子上下学或者一起外出活动以及餐后通常是交流的好时机。如果父母想说而孩子不想回应的时候，那做父母的就暂时忍住不说，等孩子想交流的时候再说。

● 采用有效的方式沟通

沟通的时候避免过于直接或让孩子感知到压力，如避免直接问孩子的作业或成绩问题。可以从孩子感兴趣的事情、喜好或者当天的新闻谈起，慢慢谈到想谈论的话题，但是如果孩子还是不想谈，那么还是要尊重孩子，否则会招致孩子对抗。

● 父母要多分享自己的世界

父母主动分享自己的世界，可以成为孩子分享自己的榜样，往往能带动孩子愿意谈论自己的事情，所以，让孩子敞开心扉的一种方式是父母多与孩子分享自己的事情。

● 善于倾听孩子

倾听是门大学问，沟通的两种方式——说和听，是相辅相成的。你越表现出倾听，孩子越愿意说，如果父母的回应让孩子认为你们不在一个频道上（比如，当孩子说，"最近学的数学挺难的"，父母回应："你最近是不是没有认真听课？"孩子估计一下子就气炸了），那么孩子往往就不想表达了，后面有事情了也不想沟通了，因为他们觉得说了父母也听不懂，还不如不说；如果父母在此刻坚持要求孩子听自己的，那沟通更是无法进行下去。

● 多在行动上表达对孩子的爱

有时候,父母对于孩子学习的过于关注,会导致父母在表达爱上有局限性。可以多用日常行动来表达对孩子的爱,如为孩子准备他/她喜爱吃的食物,购买他/她喜欢的小礼物,鼓励他/她探索自己感兴趣的食物,这样能与孩子建立好的关系,最终会让沟通变得更容易。

以上是与青春期孩子沟通的基本技巧。除此之外,约翰·科尔曼在这些基本沟通技巧之上,还特别强调了"双向沟通"。所谓双向沟通,是相对于单向沟通而言的:青少年经常说他们的父母不是审问他们,就是告诉他们要怎么做,这叫单向沟通;沟通的双方每个人都有机会说话,还能感觉到自己被倾听,听与说是平衡的,父母甚至更多的是倾听者,这种沟通叫双向沟通。如何做到双向沟通,科尔曼博士给出了如下建议:

● 更多的是去倾听而不是表达

想一想,与孩子在一起的时候,作为父母听和说的比例分别是多少?起码听和说的比例是1∶1,不能成为父母的一言堂。

● 孩子有回应后再继续说

为了沟通有效,当父母发出沟通的邀请时,先等待孩子的回应,孩子回应后父母再继续说。

- **对孩子的表达先回应再表达自己的想法**

先关注到孩子表达的内容并给予回应后，父母再表达自己的想法，让沟通变成真正的倾听——回应式的双向沟通。

- **运用多渠道多方法去沟通**

短信式、朋友圈等沟通方式也是青少年们喜欢的方式。父母善于运用多媒体、新媒体会让青少年更容易愿意沟通。

- **善于运用身体语言**

父母的表情、手势往往也能促进高效的双向沟通，因为这些身体语言往往会传递一种接纳、开放的态度，会更真实地表达父母的内心。

这里只是概要，具体如何去做在书中有更详尽的解答。

3. 老办法不灵了怎么办？青春期孩子需要全新的教养方式

本书除了帮助我们了解青春期孩子的阶段性发育特点以及如何与青春期孩子保持有效沟通，还为我们提供了针对青春期孩子的教育框架，可以帮助父母们**更有效地去处理孩子的各种棘手问题**。约翰·科尔曼博士将这个框架称为"STAGE",一个原因是他想强调:青春期是一个过程,是一个变化和发展的时期。随着时间的推移,情况也会逐渐发生变化,困难阶段不会永远持续下去,这个阶段也有一些特殊的特点,使它不同于其它任何阶段。另一个原因是"STAGE"这个词中的每个字母都代表着养育青春期孩子的不同方面。

● S(Significance)代表父母的重要性

父母是青春期孩子最重要的人。到了青春期,虽然孩子违抗父母,"怼"父母,"嫌弃"父母,但是青春期孩子眼中的父母和年幼孩子的父母地位一样重要,只是他们与父母的关系有所不同而已,青春期孩子想与父母平等地交流,而不仅仅是听从。

● T(Two-way communication)代表双向沟通

这个在上面已经提到了,一定记得,父母和青少年之间的沟通是一个双向过程,做到既发挥孩子的主动性又尊重孩子的意愿。父母这个时候更多的是往后撤,倾听比多说要更有益。

● A(Authority)代表权威

权威型的教养方式是鲍姆林德提到的四种教养方式即权威型、专断型、放纵型、忽视型中最优的一种教养方式。权威型的家长是"恰当要求、恰当反应"的家长,他们不但对孩子能有合理的要求,对孩子的行为也总是做出适当的限制,使得孩子既有一致性的规则,又有支持感和依靠感,孩子愿意设定目标并努力达到这些目标。

● G（Generation gap）代表代沟

因为年龄的差距和社会环境的变化,每一代青少年都面临着不同的挑战和压力,父母经常认为对他们自己来说正确的事情对他们的孩子也正确,然而,在3年一代沟的情况下,更别说30年的代沟有多大了。尊重当下的孩子,尊重当下的社会环境。

● E（Emotion）代表情绪

有研究称,孩子所有的问题都是情绪的问题,而父母是孩子情绪的教练,是孩子情绪调节的榜样,情绪在父母和孩子之间的关系中发挥着重要作用。很多父母连命都可以给孩子,但就是控制不住自己的情绪。意识到自己的情绪,并找到处理它们的适当办法,是建立良好亲子关系的重要一步,而良好的亲子关系又是促进孩子成长和幸福的必要条件。

以上仅对理念做简短介绍,作者在书中结合案例对"STAGE"框架进行了详细的阐述,读者可以进一步阅读学习。依托这一框架,父母可以学习到对自己和青春期孩子的准确定位、有效沟通、情绪管理、消除代沟等促进孩子健康成长的养育方式,能帮助父母和孩子们度过艰难的青春期。

4. 青春期孩子可能遇到的各种棘手问题，父母如何应对？

除了青春期的一般问题和沟通问题，很多父母还面临着孩子们更多的问题，如约翰·科尔曼在本书后面几章提到的健康问题、性与性别相关问题、友谊和同伴关系问题、互联网使用相关问题、危险行为问题。约翰·科尔曼也告诉了我们有效应对的方法：一方面，父母们可以借助"STAGE"的框架去应对；另一方面，父母们也可以更多地去了解这些行为是什么、其背后的生理心理机制是什么、给青春期孩子带来的又是什么。以下就几个父母们特别关心的问题简单介绍一下。

● **睡眠**

青少年晚睡，与他们褪黑激素（促进睡眠的激素）分泌晚有关系，通常比其他年龄段要晚2个小时，所以青少年看起来就是习惯于晚睡晚起。有研究表明，让青少年早上多睡1个小时的学习效果更好。所以，如果青少年晚睡和晚起的话，父母要想到这是青春期激素分泌的问题导致的，不完全是青少年懒。

● **早期性关系**

近些年来，少女怀孕的比例持续下降，青少年甚至成年初期的人初次性行为的年龄在持续延后，但还是有一些青少年早早地就有了性关系。这个年龄性关系的发生与一些女孩认为她们必须通过性才能留住男友，或者因为自己所有的朋友好像都已经这样做了而感到压力有关系，消除她们这方面的恐惧会非常有效。在性关系上，关于道德和价值观方面，特别是与人际关系有关的方面，研究清楚地表明，青少年深受父母的影响，所以父母亲身示范同样重要。

● *网络使用问题*

新媒体、互联网对孩子们的冲击超过了父母的想象，父母们恐惧孩子坠入网络深渊，一直监控孩子，但最后总是监控失败。孩子们过度使用网络通常与家庭缺乏温暖有一定关系，也与家庭规则不明确有很大的关系，父母在给予温暖的情况下，温柔而坚定地坚持规则，会有助于解决青春期孩子的网络使用问题。

● *友谊和同伴关系问题*

在关于青少年时期友谊的研究中，有研究者认为，朋友对青少年来说有很多"功能"，这些"功能"包括：陪伴（一起做事的人）；一个可靠的同盟（站在你这边的人）；帮助（需要时提供帮助）；亲密（可以分享的人）；自我肯定（确认你很好，你是一个值得交往的朋友，一个被他人喜欢的人）；情感护卫（当你感到脆弱时，有人为你打气）。很明显，这些都是非常重要的"功能"。然而，家长们不必觉得这会削弱自己的作用。事实上，父母和朋友需要各司其职。

我的导读到这里就告一段落了，相信大家对于青春期的变化与冲突有了较为清晰的认识，对本书的核心理念和方法也进行了初步的思考，那么就带着这些认识与思考，进一步阅读全书吧！

北京师范大学心理学部教授，博士生导师
教育部青年长江学者
中国教育学会学校教育心理学分会理事兼副秘书长

目 录

写给青春期孩子的父母 / 001

为什么与青春期孩子沟通很重要 / 002
为什么与青春期孩子沟通变得困难 / 004
本书可以为父母提供什么 / 007
 针对青春期孩子的全新教养理念和方法 / 010
 来自其他父母的经验与教训分享 / 012
 来自青春期相关研究的科学支持 / 013

第一章
青春期，究竟什么在变化 / 017

看得见的变化——身体、情绪、社交、学习 / 018
看不见的变化——大脑天翻地覆的发育 / 019
 主导青春期变化的三个重要脑区 / 020
 激素变化对大脑发育的影响 / 021
 大脑发育带来哪些影响 / 022
父母可以提供哪些帮助 / 025

这些变化会带来哪些影响　/ 026
　　内心矛盾而摇摆不定　/ 028
　　对自己的形象很难满意　/ 030
四个典型的青春期行为特征　/ 034
　　有时看见父母就生气　/ 034
　　非常以自我为中心　/ 035
　　特别在意个人隐私　/ 036
　　情绪和人际关系多变　/ 037
青春期何时开始何时结束　/ 038

第二章
解码青春期的五个关键点（STAGE）　/ 043

父母的重要性（S，Significance）　/ 044
　　为何父母会觉得自己不再重要了　/ 045
　　父母的重要性主要体现在哪里　/ 048
双向沟通（T，Two-way communication）　/ 050
　　什么影响了沟通效果　/ 052
　　如何提升沟通效果　/ 056
权威式教养（A，Authority）　/ 061
　　权威式教养对青春期孩子最有效　/ 061
　　父母对教养有分歧怎么办　/ 063
　　什么样的规则孩子更容易遵守　/ 065
　　规则被打破了怎么办　/ 067
　　如果必要，怎样处罚更有用　/ 068

如何应对孩子的对抗　　/ 069

　　来自其他父母的有用建议　　/ 071

代沟（G，Generation gap）　　/ 073

　　导致代沟的四个主要原因　　/ 075

　　代沟会有哪些负面影响　　/ 077

　　父母可以做些什么　　/ 079

情绪（E，Emotion）　　/ 081

　　青春期孩子情绪波动是必然的　　/ 082

　　父母有情绪也很正常　　/ 085

　　来自其他父母的有用建议　　/ 089

如何利用 STAGE 框架帮孩子度过青春期　　/ 091

第三章
如何应对孩子青春期的健康问题　　/ 101

运动与锻炼　　/ 103

　　为什么孩子越大越不爱运动　　/ 103

　　鼓励孩子坚持运动的五大回报　　/ 105

饮食与营养　　/ 106

　　为什么青春期孩子饮食容易出问题　　/ 106

　　何时需要寻求专业帮助　　/ 108

睡眠　　/ 110

　　为什么青春期孩子睡得晚、起不早　　/ 110

　　如何帮助孩子　　/ 111

心理　/ 112

　　如何区分心理问题与正常青春期反应　/ 112

　　孩子出现心理问题怎么办　/ 114

烟草、毒品和酒精　/ 115

第四章
如何处理性和性别相关问题　/ 121

有关性的焦虑和恐惧　/ 124

　　青春期孩子的　/ 124

　　父母的　/ 126

性教育　/ 129

　　如何与孩子谈论性　/ 129

　　如何告诉孩子相关风险　/ 130

　　如何与孩子谈避孕　/ 131

性别认同　/ 133

网络恋情　/ 136

第五章
如何帮助孩子处理友谊和同伴关系问题　/ 139

为什么朋友在青春期那么重要　/ 141

为什么被同龄人群体接受那么重要　/ 144

父母和同龄人，谁的影响力更大　/ 146

孩子交友不慎怎么办　/ 148

孩子被拒绝、孤立和霸凌时怎么办　/ 150

来自青少年的有用建议　/ 154

第六章
如何应对互联网相关问题　/ 157

互联网提供的机会　/ 160

互联网带来的挑战　/ 163

 网络游戏　/ 163

 网络成瘾　/ 165

 色情内容　/ 166

 网络猎艳和性骚扰　/ 168

 网络霸凌　/ 169

父母能做什么　/ 172

 监控孩子的媒体使用　/ 173

 根据孩子的年龄和能力选择应对方式　/ 174

 保证孩子上网安全　/ 175

第七章
如何应对孩子的冒险和挑战行为 / 179

冒险行为 / 181
  什么是冒险行为 / 181
  为什么青少年爱冒险 / 182
  如何区分探索性行为和冒险行为 / 184
  如何帮助青少年规避冒险行为 / 185
挑战性行为 / 187
  逃学、不上学 / 188
  吸毒、药物滥用 / 191
  离家出走、夜不归宿 / 193
  一些有用的建议 / 194

第八章
离异和重组家庭相关问题如何处理 / 197

父母离婚会带来哪些影响 / 199
父母如何降低家庭破裂带来的伤害 / 202
身为继父母如何与孩子相处 / 205
单亲父母如何与孩子相处 / 209
离异或重组家庭的积极影响 / 212

译后记 / 213

WHY WON'T MY TEENAGER TALK TO ME?

为什么我的青春期孩子不和我说话？

写给青春期孩子的父母

你为自己的女儿感到骄傲吗？是否希望她能告诉你她生活中发生的更多事情？你是否担心自己儿子待在卧室里的时间越来越多了？你是一个收养者吗，你想了解刚刚来和你一起生活的青少年为什么沉默吗？

青春期是来自不同背景的父母和养育者都关心的一个阶段。这本书的目的是帮助父母解决这些担心，并提供一些新的想法，即在必要时如何管理和改善与青少年之间的关系。这本书把沟通作为重点是有充分理由的，因为能够与青少年沟通是建立良好关系的关键。如果父母与青少年可以顺利交谈，那么在家庭生活中遇到的各种问题将更容易处理了。如果沟通渠道被关闭了，事情就会变得非常困难。正如一位父亲对我说的："对父母来说，对话才是金科玉律，而不是对抗！"

为什么与青春期孩子沟通很重要

沟通很重要，这是一件显而易见的事。因为没有它，不可能进行有效的教育。如果交流起来很困难，你就无法发现对青少年来说什么最重要，也无法知道你的孩子在担心什么。然后你就不能说他对你来说是特别的，说你关心正在发生的事情，说你爱他。更重要的是，你无法知道青少年在他的特定年龄和阶段需要的是什么。

许多父母很难和青少年沟通，因为父母想知道发生了什么，他们倾向于提问。比如："你今天在学校过得怎么样？""你朋友家发生了什么事？""昨晚的聚会怎么样？"对一个十几岁的孩子来说，这听起来像是在审问，然而没有人喜欢被审问。

我前面已经说过，听和说一样重要。然而，如何倾听并不确定。你不能只是说："好的，我来了。我正在听。你想说什么？"这听起来显然是漫不经心的。那么，怎样才能更好地说话和倾听呢？

关于这一点，我在之后还有很多要说，但是就目前而言，当你读到这里时，还有很多问题需要思考。

- 时机。选择合适的时间，你需要知道青少年什么时候想说话、什么时候不想。车里或夜晚通常是聊天的好时机。让青少年引导谈话，当感觉不对的时候你要忍住，要有耐心。请放心，你的孩子有时会想要和你交谈。
- 有效的方式。有时可以使用新闻、肥皂剧中发生的情节或电视节目等信息来展开讨论。谈论发生在家庭以外的其他人身上的事情可能比谈论私人事情更容易。
- 分享。愿意谈论你自己。如果对方透露一些关于自己的信息，人们往往会觉得更容易交谈。与其直接问对方有关他们的问题，你不如试着谈谈自己现在的情况，这会让对方敞开心扉，和你分享一些他们的事情。
- 行动。有时候，行动可以让沟通变得更容易。主动为孩子准备点心或一杯茶可能比直接问问题更能顺利地开始对话。

• 倾听。沟通的两种方式——说和听，是相辅相成的。你越表现出倾听，对方就会说得越多。

为什么与青春期孩子沟通变得困难

当我和青少年的父母在一起时，最经常被问到的问题是："为什么我的孩子不和我说话？"我曾为青少年的父母组织了很多团体，在这些团体中我惊讶地发现，父母们经常认为他们与孩子之间的沟通已经中断了。

父母总有一种感觉，孩子不再想和他们说话了，孩子更愿意与朋友交谈。他们感觉孩子一心想要把他们推开，比如孩子会在卧室门上贴私人标识、拒绝参与任何家庭谈话，或者全神贯注于智能手机等。

当我问青少年这个话题时，他们说与父母的沟通只有两件事：要么被审问，要么被唠叨一些他们还没有做的事（比如家庭作业等）。当然，这并不是一个良好的沟通基础。随后我会详细讲述，这里只列出有关青少年交流的基本现实：

• 你的孩子会交流，但并不总是在你选择的时间；
• 你的孩子会交流，但不会谈论他认为是隐私的事情；
• 你的孩子会交流，但如果谈话变成审讯的话，那他就不愿意谈了；

- 你的孩子会交流，但如果感觉你很忙、心不在焉或者被打扰的话，那他就不愿意交流了。

为什么父母与孩子的沟通在青春期变得格外困难呢？这是因为在青春期这一阶段出现了一些直接影响沟通的特别因素。

首先，青少年有时候觉得自己需要一些引导，他们也愿意交流，但是要在他们想要交流的时间，以他们自己的方式进行。这与缺乏自信有关，也与情绪困惑有关。这两种因素合在一起则意味着，父母想要开诚布公地跟青春期孩子谈论某些事情是非常不容易的。

其次，我们必须认识到，青少年确实需要一定程度的隐私来解决自己的问题。他们想成为独立的个体，逐渐成长为一个成熟的人。没有一个想要独立的人会把发生在自己身上的所有事情都告诉父母。以下是一个15岁女孩的看法：

我妈妈经常对我说："你为什么不谈谈你的事情呢？"我说："我知道，我只是没跟你讨论，我会和我的朋友聊。"我和妈妈谈过一些事情，但不是在事情发生之前，而是在事情过后，等我弄清楚发生了什么之后才告诉她。我还是觉得她想让我提前告诉她，但是我不能。

这个女孩的看法给我们提供了很有用的视角。她会交谈，但是要在她自己觉得合适的时间，在她整理好心里的事情之后。

有关与青少年沟通的问题，父母还有必要知道如下几个要点。

- 沟通是一个双向的过程，既包括听，也包括说。你越多地表现出你在听，孩子就越有可能想和你交流。
- 沟通是一种技能，这是你必须学习的能力。年轻人有时退缩是因为他们觉得成年人比他们更善于沟通。
- 交流不仅仅是从你嘴里说出话来，你发出的信息将会受到你的立场、你的手势以及传达的情感的影响。重要的不仅是你要说什么，还有你怎么说。
- 现今的很多交流都是在网上进行的。年轻人可能觉得发短信与面对面交谈一样舒适。所以，沟通也可以通过媒体实现。

青春期是成长过程中一个独特的阶段，表现出特殊的行为、态度和情感，并且这些都将随着孩子年龄的增长和性格的逐渐成熟而发生显著的变化。

除了强调沟通的双向性以外，我会不断强调正确理解父母与青少年之间双向关系的重要性。很明显，家庭就像一个系统，其中的每个人都在互相影响。孩子的行为举止会对你产生影响，而你也在扮演自己的角色。你的所作所为、你的行为举止也直接影响到孩子的行为。

有关青少年的一个惊人发现，就是他们经常被人以非常负面的眼光看待。许多成年人认为青少年会引发问题，往往被当作麻烦制造者，这种观点自然会影响成年人和青少年之间的关系。一位母亲这样说：

在我看来，人们对青少年做了很多假设。当我告诉别人我有几个十几岁的孩子时，他们认为我一定会遇到问题。

另一位母亲解释说，她的丈夫最害怕有坏事情发生：

我丈夫一直在说："哦！天哪！我们将看到她青春期会发生什么！"他几乎都是从一个最坏的结果来预测的，几乎制造了一种最糟糕情况的假象。女儿甚至对他说："我真的很讨厌听到你和其他大人谈论青少年的事，就好像你在期待我变坏一样！"

这样的态度不仅会影响你与孩子的关系，同样也会干扰沟通。如果你一开始就认为一个十几岁的孩子会产生问题，那么想要进行理智的谈话就更加难了。认真思考我们对青少年的态度是进行良好沟通的第一步。

本书可以为父母提供什么

虽然本书强调沟通是一个很重要的部分，但同时还有许多其他同样重要的话题需要讨论。几乎就在我们眼前，青少年的世界慢慢变化着。教育系统的压力、新的家庭结构、不断变化的性别认同以及数字世界相关的机遇和威胁等，都给当今的青少年及他们的父母带来了挑战。关于大脑、心理健康、数字化浪漫、营养和饮食行为、睡眠和学习等的新研究，都会影响我们对当下年轻人如何成长的看法。这本书将帮助父母和养育者了解二十世纪青少年的生活，你可以通过STAGE框架来理解这个特殊的人生阶段，以及一些关于青少年发展的新思维指南。

这本书是为所有青少年的父母和养育者写的。它是为那些正在担心孩子青春期到来的人准备的，他们想知道在未来几年里他们将在家庭中经历什么样的变化；它也是为那些正在与十四五岁孩子的"态度"作斗争的人准备的，这些男孩和女孩正在试图形成自己的独立性，并向他们的父母表明他们可以自己管理好自己的事；它是为那些担心社交媒体影响的人准备的，他们希望了解怎么应对智能手机依赖或其他智能设备引发的问题；它还是为那些面临离婚或分居的父母而写的，他们可以从中寻求如何保护青少年孩子免受这些变化影响的建议。对于那些对青少年有严重担忧的人也是如此，不管这些担心是与霸凌、性、同伴压力、饮食失调、毒品与酒精有关，还是与青少年怀孕有关。重要的是，它是这样一本书：

- 帮助你陪伴孩子平稳度过青春期；
- 帮助你成为一个有韧性的父母；
- 帮助你和你的孩子交谈、倾听。

做一个青少年孩子的父母是很难的，一位和我交谈过的母亲这样说过：

学会成为一个十几岁孩子的父母非常困难,但这却是世界上最被低估的工作,就连做一个脑外科医生都比做一个真正的好父母容易得多!

我根据本书的调查背景了解到,大多数接受采访的家庭都提到了一些与青春期相关的挑战。如一些父母因为失去了与儿子或女儿的亲密关系而感到悲伤,另外一些父母则对与青少年不断的争吵或孩子总是拒绝自己的建议而感到愤怒。然而,值得一提的是,很多父母后来发现这些年的经历都是值得的,他们看到了青少年的活力和热情。尽管父母们可能经历了愤怒、冲突和担忧之类的矛盾或情绪,但他们发现自己的孩子正逐渐进入更成熟的人生阶段,这对父母来说也是一种回报。

然而,没有人觉得做一个十几岁孩子的父母是件容易的事。这个阶段做一个好父母的正确方法是什么?你应该有多严格或多随和?去支持一个把你推开的青少年最好的方法是什么?如果青少年不做家庭作业、因手机或网络熬到半夜,你该怎么办?与那些似乎没有在听你说话的人交流,最好的解决方式是什么?

这很令人沮丧,因为你想给他们建议,但他们并不想听。我认为,在某种程度上,他们必须从自己的错误中学习,但你并不想让他们犯错,所以你要保护他们不犯错。但与此同时,你还必须让他们继续下去。

一位有三个青春期孩子的母亲

这位母亲的话触及了每位家长所面临困境的核心,即什么时候介入、什么时候退出。你可能很早就清楚作为父母的角色,但应该如何教育青春期的孩子呢?这是一个困境,我将在书中详细探讨。

这本书有三个重要的要素,即:

- 针对青春期孩子的全新教养理念和方法;
- 来自其他父母的经验与教育分享;
- 对大脑发育、睡眠、社交媒体、性别认同等重要话题的新见解。

针对青春期孩子的全新教养理念和方法

在这本书的第二章,我将介绍一个针对青春期孩子的教养框架,有利于帮助那些与青少年生活在一起的人了解青春期的发展。这个框架背后的想法都来自前辈们备受重视的研究成果,我把这个框架称为"STAGE"。

我为此框架起这个名字是因为我想强调:青春期是一个过程,是一个变化和发展的时期。随着时间的推移,情况也会逐渐发生变化,而困难阶段不会永远持续下去。这个阶段也有一些特殊的特点,使它不同于其他任何阶段。

称之为"STAGE"框架的另一个原因是"STAGE"这个词中的每

个字母都代表着养育孩子的不同方面。

S（Significance）代表父母的重要性。父母是青少年一生中最重要的人。父母们可能认为自己在青少年眼中不再重要，但他们的作用绝对不容小觑。青少年的父母和年幼孩子的父母地位一样重要，只是他们与孩子的关系有所不同而已。

T（Two-way communication）代表双向沟通。正如我前面所说的，父母和青少年之间的沟通是一个双向过程。父母可能认为他们是需要发言的一方，但倾听同样重要。青少年在决定如何与他人沟通方面，与成年人一样具有很大的影响力。成年人和青少年都扮演着他们各自的角色，认识并理解这一双向过程将有助于双方实现更好的沟通。

A（Authority）代表权威式教养。为人父母最困难的是明白如何行使作为父母的权威。青少年需要什么界限和方式？是否应该使用惩罚？如果是，什么样的惩罚才有意义？在放手的同时，怎样能保留父母的权威？之后，我将提出"权威式教养"的概念，这是有效行使权威最恰当的方式。

G（Generation gap）代表代沟。我之所以提出这个想法，是因为每一代青少年都面临着不同的挑战和压力。父母经常认为对自己来说正确的事情对孩子也正确。然而，与40年前相比，现今的情况大不相同。因此，这一代的年轻人不免会做出与他们父母不同的选择。

E（Emotion）代表情绪。情绪在父母和青少年之间的关系中发挥着重要作用。无论是焦虑、愤怒、悲伤、后悔、嫉妒，还是内疚等，所有的情绪都会对父母如何处理与青少年之间的关系产生影响。意识到自己的情绪，并找到处理它们的适当办法，这是在家庭中建立良好关系的重要一步。

以上是对"STAGE"框架含义的简短介绍。框架中包含的所有观点都可以引导出更有效的父母教育，并能帮助你与青少年建立更好的关系。本书的上半部分将致力于概述该框架，针对青春期，这将成为一种全新的养育方式。

来自其他父母的经验与教训分享

写本书之前，我对众多来自不同种族、不同背景的青少年家长（其中包括父母、继父母以及收养者）进行了采访，也与那些与自己孩子之间有严重问题的父母交谈。这些父母的声音会在书中尽可能多地向大家呈现。同时，我也采访了一些青少年，询问他们对父母、对朋友的看法，以及对当今青少年的看法等。他们的声音在书中也有呈现。

选择把父母和青少年的观点写进书里主要基于如下三个理由：

第一个理由很明显，即使是几句话，也能让我们感受到话语中的意思。父母的声音将有助于读者融入这本书中，并把家庭中真实发生的事情一览无余地展现出来。

第二，一些参加亲子小组的家长表示，他们感到很孤独，并认为他们的孩子是有史以来最糟糕的孩子，没有一个父母能经历如此糟糕的时期。当听到其他家长在小组中的发言时，他们感到非常惊讶，发现其他家庭也和他们一样经历了这个糟糕的阶段。父母们知道他们并不孤单，他们所面临的问题和其他许多父母所面临的问题是一样的。所以，能够在这本书中了解到其他父母的经历，可以给读者提供很大的帮助。

第三，学习其他父母如何教育青春期孩子可为自己提供帮助。其他父母会提出切实可行的建议，并能够反思自己的经验。这本书的目的是帮助父母和孩子顺利度过青春期，而真实的家庭经验是这个过程中极其宝贵的财富。

来自青春期相关研究的科学支持

过去十多年间对青少年的研究获得了一些重要而有价值的信息。我将这些研究结果纳入本书，这些新信息不仅可以帮助我们更好地了解青少年，更重要的是，我们可以利用这些信息就如何教育青少年提出切实可行的办法。

我举三个例子来说明这些研究成果的重要性。

第一个例子与青少年的大脑有关。扫描技术的发展使人们有机会了解大脑在生命不同阶段发生的变化，这些新技术的应用所带来的最显著的结果之一是，青春期阶段大脑发生了迅速而根本性的变化。这对理解青少年行为有着至关重要的意义，同时能帮助我们了解一些令人困惑的青春期特征。

第二个例子与睡眠有关。研究发现控制睡眠模式的激素在青少年阶段与儿童或成人阶段非常不同。如果青少年喜欢熬夜，或者早上不愿意起床，父母往往会把这些归咎于青少年很难相处的问题。现在我们已经了解到，青少年的睡眠模式与其他年龄段不同是有生物学原因的。

最新的研究也强调睡眠在学习和记忆方面起着重要的作用。大脑在睡眠期间保持活跃，白天发生的大部分事情在晚上被大脑处理和巩固。这项研究强调了良好的睡眠对青少年的重要性。他们正处在人生的关键时期，学习是他们的一项重要活动，这个阶段的考试成绩比以往任何时候都重要。因此，充足的睡眠确实能产生很大的影响。

这里我选择的最后一个例子与青少年如何管理自己和父母之间的沟通方式有关。一项名为"信息管理"的研究显示了青少年如何决定与父母分享什么以及隐瞒什么的情况，强调沟通是一个双向过程。如果我们正在寻找改善父母和青少年之间沟通的方法，那么关于"信息管理"的研究结果将能提供很大的帮助。

在本书后面的章节中，你会发现更多关于沟通的想法，以及如何与孩子进行进一步交谈的建议。在我谈到这些想法之前，我将花一些时间概述青少年经历的生理变化和情感变化。在下一章,我会讨论青少年大脑的变化。

成年人对此时大脑发生的变化了解得越多,处理与青春期孩子的关系时就越容易。对青少年成长过程的基础有一个良好的认识,是有效养育孩子的重要前提。

WHY WON'T MY TEENAGER TALK TO ME?

为什么我的青春期孩子不和我说话?

第一章
青春期，究竟什么在变化

看得见的变化——身体、情绪、社交、学习

青少年时期是一个人从孩子成长为成人的时期,是一个变化的时期。成长是需要很长时间来完成的,有时青少年会变得不耐烦,他可能希望一夜之间长大。另外,青少年有时也会觉得一切都进展得太快了,可能会有感到孤独和无助的时刻。因而,像童年时期这种安全的世界看上去才更有吸引力。

所有的青少年都意识到变化正在发生,青春期就是一个明显的例子。所有的青少年在成长过程中都会经历身体的变化,其他变化也将接连发生,比如因升学而换到新的学校,比如友谊、父母与青少年相处的方式等都发生了变化。

当被问及变化时,青少年都说现在的生活比童年时更有压力。大多数人都认为睡眠更加困难了,情绪低落也是一个问题,而这些是每个人都要经历的过程。

其他变化也会发生在一些青少年身上。有人可能会说,她现在受朋友的影响比她上中学之前更大;另一些人可能会发现上学变得比以往更困难了。然而,并不是每个人都有这样的经历。对一些青少年来说,他们的健康或外貌成为他们众多问题中的重要问题,但并不是所有的青少年都这样。

总之，每个人都在发生变化，但每个人的经历略有不同。这些都是个体能意识到的变化，他们可以谈论这些变化。但是，青少年或许并没有意识到大脑中无形的变化。现在是时候考虑这些变化了，看看大脑中无形的变化是如何影响青少年的。

看不见的变化——大脑天翻地覆的发育

你需要知道的一个重要背景是，直到20世纪末人们还认为儿童期结束后大脑几乎不再有进一步的发育。我们现在知道这是完全不可信的。事实上，除了出生后的前三年，青春期阶段大脑的变化比任何发展阶段都要大。这意味着青少年时期是一个关键期，这段时期内发生的事情将对青少年未来的发展产生重大影响。

当然，大脑的发育并不是孤立的，大脑和环境相互作用、相互影响。在这一章中，我将描述青少年大脑发生的变化，并展示这些变化是如何影响行为的。本章的最后，我还将概述如何使用这些知识来促进大脑的健康发育。你越了解此时大脑中发生的情况，就越能帮助青少年处理好这一过渡期。

我要强调的是，大脑是极其复杂的，甚至可以说人脑是自然界中最复杂的系统，一个大脑中就约有1000亿个神经细胞。正如我所说，在青少年时期，大脑经历了巨大的变化，我们通过扫描技术了解到，大脑的所有区域在这段时期都有显著的发展，并逐渐走向成熟。

大脑的成熟促进了新的学习和新的智力技能的发展。此外，大脑的两个半球之间的联系增强，可以进行更充分的连接，使我们能更好地利用大脑。包裹神经纤维的物质——髓鞘也得到了强化，这样信息就能更快、更有效地在大脑中传递。

另一个发生在儿童晚期的变化是大脑灰质数量的显著增加，它们主要由神经元（即神经细胞）的细胞体构成。在青少年时期，大脑的灰质逐渐被重新组织和排列，有用的神经细胞网络被加强，无用的神经细胞网络逐渐消失，这个过程被称为"修剪"。"要么使用它，要么失去它"，这句话你可能很熟悉，这也意味着应该对神经细胞之间有价值的连接进行开发和锻炼。

主导青春期变化的三个重要脑区

在青春期发生的整体变化中，大脑的两个区域发挥了重要作用，分别是前额叶皮质和杏仁核。前额叶皮质是与思考、计划和解决问题相关的区域。杏仁核是与情绪、感觉和觉醒相关的区域。这两个区域在青春期都经历了非常重要的发展。

大脑中也有与寻求快乐相关的区域，它们在青少年时期很活跃。在青春期，大脑中的所有神经中枢都发生了显著的变化，并逐渐走向成熟，但这个过程不是一蹴而就的，大脑的各个部分需要很长时间才能顺利地协同工作。

一些青少年杏仁核的发育速度可能比前额叶皮质要快，这有时被认为是对危险行为的一种解释。有些青少年不事前思考，不考虑其行为后果。因为此时大脑中与快乐和激励相关的部分，比大脑中与思考和推理相关的区域功能更强大。

大脑的第三个重要区域是海马体，这是大脑中与记忆联系最紧密的部位。海马体是处理和编码记忆痕迹的中心，也与记忆的检索有关。它在青春期尤为活跃，在学习中起着重要的作用。

激素变化对大脑发育的影响

众所周知，青春期是体内激素平衡发生重大变化的时期。这种激素平衡失调通常被认为是对喜怒无常或易怒行为的一种解释。我们所知的最新发现是激素平衡会影响大脑的发育，而激素的变化和波动会作用于大脑的不同部分，如杏仁核和前额叶皮质。

高水平的性激素，如睾酮和孕酮，不仅会影响性器官的发育，也会导致行为的改变。这些激素的激增可能会刺激青少年去探索情感性体验，或者去寻求新奇和刺激感。

值得注意的是，皮质醇和血清素等激素水平在这一时期波动很大。皮质醇的释放与焦虑情绪有关，而血清素有助于缓解焦虑。如果这些激素不断变化，显然，情绪控制可能很难。

最后，另一种很重要的激素就是多巴胺，当我们从一种活动中获得快乐或享受时，它就会被释放出来。青少年时期的大脑对多巴胺特别敏感，青少年乐于冒险或寻求刺激的行为可能与多巴胺分泌增加有关。

大脑发育带来哪些影响

随着大脑的不断成熟，新的技能也会得到发展，语言就是一个很好的例子。青少年的词汇量逐渐增加，这意味着他们写文章或做项目时会用到更多的单词。这也意味着他们与朋友或成年人进行交流时，可以更好地表达自己的观点，沟通时也变得更加自信。

我确实觉得，和我的朋友们在一起，我可以自由自在地说话，就像我脑海中有了更多的想法。和父母在一起就比较难了，他们似乎总是知道该说什么，而我却不知道！

记忆是向积极方向改变的另一个例子。尽管学校不定期地测试记忆，但我们从研究中确实了解到，青少年时期的记忆力会缓慢增强，这是至关重要的。因为青少年所学课程越来越难，考试也显得越来越重要。

随着年龄的增长，人们获得的另一项新技能是抽象思维和科学推理的能力，科学课程的管理有赖于科学实验的开展和对替代假设的体验。这时青少年开始感受到世界是一个复杂的系统，他们能够辩证思考别人的观点："我过去常常认为事情不是对就是错，现在我可以看到许多灰色的地带。"

所有这些技能的发展都是前额叶皮质和大脑中与思考、认知相关的其他区域走向成熟的直接结果。然而，众所周知，这个过程并不完全是一蹴而就的。大脑的一些变化意味着这段时期的生活有起有落。以我刚才提到的思维技巧为例，理解他人观点的能力也意味着青少年开始考虑自己在他人眼中的形象。许多十几岁的孩子变得执着于他们在别人眼中的形象，以及别人对他们的看法。因此，这是一个自我意识很强的时期。新的思维技能会让你对别人眼中的自己产生新的想法。短期内这可能令人相当不安。然而，渐渐地，青少年会变得更加自信。他们开始适应，开始接受自己身体和身份的变化。

我前面提到了大脑灰质的增加和缓慢修剪，这涉及大脑工作方式的实质性重组。因此，当大脑正在适应修剪过程时，青少年有时确实会感到某种程度的困惑，这并不奇怪。这种困惑可以表现为多种形式，一些青少年可能会觉得他们脑子里同时有太多的想法，也可能不知道如何在社交媒体上做出反应。他们可能会发现别人要求他们做的事情让他们感到不舒服，或者很难对真正重要的事情做出决定等。所有这些经历，都可能是此时大脑的部分反应。"我希望我知道我想要什么，但我就是不知道。有这么多选择，我该怎么决定呢？"

情绪是生活中受大脑影响的另一个方面。大多数青少年发现，他们的情绪有时会从一个极端到另一个极端。许多年轻人感觉自己的情绪一片混乱，有些人可以在一天之内既悲伤又快乐。而情绪化的人可能连小事都无法解决。但这一时期管理情绪是很棘手的一件事，也令人不安，还会对人际关系产生一定影响。"喜怒无常？肯定是的。我很情绪化，上上下下，来来回回！摔不摔门呢？我做过！我可能要把家里的每个人都逼疯了。"

在这个阶段,青少年有时会有失衡的感觉或者掌握不好分寸。如果一件坏事发生,青少年可能会有世界末日的感觉。任何事情,即使是琐碎的事情,在他们看起来都非常重要。学业成绩不佳似乎是灾难性的,和朋友争吵会让人觉得整个人生都毁了。大脑与这些感觉有很大关系。大脑前部的区域有助于人们对事物保持一定的分寸,但它的发育速度慢于与感觉和情绪相关的区域。正因为如此,有时年轻人面对惊奇、幸福、灾难等会感到不知所措。而大脑中能够帮助个体看到更广阔前景的灾难仍在步步紧追地发展着。

最后,与大脑这部分密切相关的是提前思考和计划的能力。要做到这一点,青少年还需要依赖大脑中与思考相关部位的发展。当然,有时青少年能很好地处理这些问题,有时却很困难。而这段时间正是前额叶皮质的发展落后于杏仁核的时期,强大的激素会促使青少年做出快速反应。所以,大脑说"等一下,这样做明智吗?",可能没有"让我们做吧,听起来很有趣"这句话那么有效。

"等一下,这样做明智吗?",这句话听起来像是一个无聊的家长所说的话。我们必须清楚,青少年可以尽兴地玩。事实上,可以说这个阶段正是青少年可以尽兴玩的时候。许多青少年对我说:"当你有了工作,不得不担心抵押贷款时,生活就不再有乐趣了。""我想青少年在成长过程中更喜欢玩乐,但成年人必须工作挣钱养家。"

这里的重点是,在青春期的这几年里,发育的大脑正在帮助青少年获得个人发展,变得更加成熟。然而,由于大脑发生了如此大的变化,有时他们会很难控制住自己的情绪，也不能看到更广阔的世界，但这并不一定是个问题。本书的目的是帮助你理解大脑发育的各个方面，在某些方面，青少年大脑的变化是非常有益和令人兴奋的。而在其他方面，这些变化可能意味着在一段时间内会出现令人不快的坎坷和问题，但这都是成长的一部分，它象征着青少年正在逐渐向成人转变。

父母可以提供哪些帮助

我已经强调过周围的环境会对青少年产生重要影响，在发展的关键时期尤其如此。当然，最重要的环境因素还是家庭。关于这一点，我将在第四章讨论成年人对孩子健康发展的重要性。然而，在思考青少年大脑发展的同时，值得关注的是，父母在这种情况下能做哪些事来对青少年大脑的发展产生积极的影响。

- 理解孩子

青少年正在经历一场巨变，他们的大脑正在重新进行调整，如果成年人能接受这一事实，将使双方关系更融洽，并有助于建立幸福家庭。

- 缓解孩子的焦虑或压力水平

如果大脑想要在发展和巩固有用的神经通路的同时，处理掉不必要的神经连接，那么良好的激素平衡是必不可少的。如果年轻人有过多的焦虑或压力，激素平衡将会阻碍这一基本过程。一定程度的焦虑和压力无法避免,但成年人可以尽其所能帮助孩子,使其保持在一定合理的水平。此外,他们还可以帮助青少年学会管理这些消极的情绪。

- 为孩子创造丰富的周围环境

成年人在关于促进孩子前额叶皮质发育方面做得越多,就越有利于孩子调节情绪。周围环境越丰富,年轻人参与的活动范围越广,前额叶皮质成熟的机会就越多,其发展也越快。

- 帮助孩子养成良好的习惯

对青少年来说,日常生活习惯很重要。就睡眠而言,褪黑素(是由哺乳动物和人类的松果体产生的一种胺类激素,其分泌有明显的昼夜节律,白天其分泌受抑制,晚上其分泌活跃,其水平高低直接影响睡眠的质量。——译者注)的影响是可以克服的,但前提是要有良好的睡眠习惯。而这方面青少年很难管好自己,所以成年人的帮助发挥着重要的作用。

这些变化会带来哪些影响

正如我所说,青少年时期的成长是一个过程。在这个过程中,个人将不断发展并走向成熟。这个时候,青少年将经历许多重大的变化,这些变化与童年时期发生的变化截然不同。前面已经讨论过大脑的变化,这里我将概述青少年时期发生的一些其他主要变化。

我喜欢一位父亲说的话,他形容自己十几岁的儿子是"一件正在创作中的作品"。他是这样描述他的经历的：

在一天结束之后，你只是为他们的平安健康感到高兴，他们至少不会整夜待在外面或者不上学。当然，我们对他在家不讲卫生、不按要求做事总有意见。但我儿子现在15岁了，他正在逐渐沉稳下来。他不是最健谈的人，有时会让我们很生气，但人的情绪肯定会有起伏。但我希望……而且我很放心，毕竟这是一项正在进行的工作，不是吗？每个人都告诉我最后会好的，我也能看见他在变好。他变化太快了。这只是个阶段，不是吗？

有人认为使用"STAGE"这个词是对青少年的冒犯。对于青少年行为的某些方面，如果父母的回应是："哦，这只是你正在经历的一个阶段。"青少年会觉得自己受到了轻视，好像他们的经历并不重要。诺森伯兰郡卫生局曾经出版过一本关于青少年健康的书，书名是《这不仅仅是我们正经历的一个阶段》（It's not just a phase we're going through）。这一点很重要。我们需要对将青少年时期描述成一个阶段保持谨慎。"只是"这个词使用得不恰当，这意味着青少年的经历没有任何意义或者不需要认真对待，当然事实并非如此。对许多青少年来说，情况恰恰相反。青少年能够理解青春期的情绪和感觉是短暂的而不是永久的，这更让人安心。正如这位15岁的女孩所说的：

我确实很情绪化，我想每个人都有这样的时候。我记得我对此非常沮丧，心想："就这样了吗？""差不多吧，我就这样日复一日地过着这样的生活吗？"我妈妈对我说，一切都是暂时的，当下我所有的情绪最终都会过去。所以你可以马上冷静下来，要知道，这种情绪最终会消失，你会重新站起来。这有点像"我长大了！这似乎再也不是什么大事了"。但是，在我意识到这点之前，有一段时间我只觉得我将永远痛苦，我的生活将永远如此，不管上学、工作，还是其他一些事情，它永远不会结束。

以下是青春期会发生的一些独特的变化：

- 首先，这几年是一个从童年到成年的**过渡期**，有一些特殊的事情使他们变得特别。
- 其次，这一阶段的开始不仅标志着大脑的变化，而且标志着**青春期**，即一个非凡的和独特的生理和情感成熟的过程。
- 第三，有趣的是，在我们的社会中，**没有明确定义青春期的开始或结束**，而这同样会对青少年和他们周围的成年人产生影响。
- 最后，青少年时期以其不同于其他人生阶段的**特定行为**为特征。

接下来我将描述青少年时期的各个方面。

内心矛盾而摇摆不定

一位母亲形容她的儿子"很难相处，做事总是前后矛盾，但仍渴望爱和亲情"。采访者问她为什么认为青少年是前后矛盾的，她这样说：

可能是因为他们正处在从童年到成年的过渡期。这一周他们觉得自己很脆弱，变得更加孩子气，而下一周他们变得更加自信，试图坚持自己的观点。他们像钟摆一样从一边到另一边，这种情况有时很难处理。

从孩子到成人的过渡期，意味着青少年永远不确定自己的立场。而过渡期意味着：

- 你不是孩子，但也不是成年人；
- 你急于进入下一个阶段；
- 你对新的机会感到兴奋；
- 你害怕未知的未来；
- 你因为担心失去熟悉的事物而缺乏安全感；
- 你会被新的情感和经历所迷惑。

每一个了解青少年的成年人都熟悉他们这种典型的"矛盾行为"。正如一位家长所说："你永远不知道该如何是好，这一刻他们还在兴高采烈，下一刻就会情绪低落。"他们难以控制这种多变的行为是有原因的。从本质上说，每个青少年的内心都有一个孩子和一个成年人。在过渡期，个人的这两个方面将在不同的时间表现出来。如果你能认识到这一点，它将帮助你在面对孩子的这种矛盾时表现出更多的耐心。

当然，大脑也有一定的作用。你可以把前额叶皮质想象成大脑中的

"成人"区域——指挥和控制中心,而杏仁核是"儿童"区域——大脑中负责需求和情感的部分。而这两个区域并不完全同时走向成熟,所以会有其中一个比另一个占优势的时候。这可能是青少年情感和行为"摇摆不定"的深层原因。

在这里我只想说一句"既非此物也非彼物"。这种不确定的状态给青少年和成年人都造成了一些问题。每个人都想处在自己的角色中,人们想知道他们的立场以及对他们的期望。在家庭中是这样,在学校和工作场所也是这样。然而,在这一过渡阶段是不可能的。在青少年的成长过程中,父母和养育者从来都不确定应如何对待他们。

对成年人来说,他们很难确定对青少年应该抱有多大的期望,以及允许他们有多大的自由。然而,对青少年来说问题同样很棘手,他们对父母或养育者应该抱有怎样的期望?一方面,青少年希望被当作一个负责任的人对待,但有时这可能不太现实。另一方面,有人照顾你,有人替你操心,你会感到安全和舒适。从这个角度看青少年的行为,不难理解为什么他们总是摇摆不定。

如果这些情况都需要处理,那么没有什么比开放的沟通和互相倾听更有效了。要知道"过渡"从来都不容易。

对自己的形象很难满意

大多数人谈论青春期时,他们首先想到的是女孩开始来月经,或者男孩的声音开始变化。这些是身体内部发生变化的外在迹象,通常发生在 9～14 岁之间。青春期是人发展中的第二个快速发展阶段，第一个快速发展阶段是出生后第一年。

值得注意的是，青春期不仅仅是女孩来月经或男孩声音发生变化。青春期不仅仅与性成熟有关，外部身体特征也发生了变化，如乳房发育或体毛的出现。同时青春期还涉及大脑和体内激素平衡的变化，包括血液成分的变化、肌肉生长，以及身体的主要器官如肺和心脏的变化等。青春期的成长速度突飞猛进，个体生长速度超过出生后第一年以外的任何时候。

以下是关于青春期的一些事实：

- 青春期的开始主要是由性激素的释放引起的——男孩是睾酮，女孩是雌激素。
- 所有与青春期有关的变化将持续两年左右。
- 女孩的青春期比男孩早一年或一年半。
- 每个孩子青春期的年龄和在此期间这些变化的发生顺序有很大的个体差异，这完全正常。
- 目前，英国女孩月经初潮的平均年龄为 11 岁零 10 个月。
- 然而，大约 1/5 的女孩在上小学时就开始来月经了。
- 身体上的变化很明显，情感方面也在变化，但却不那么明显。

我想强调的是，青少年经历青春期的年龄有很大的个体差异。有些人可能早在 9 岁或 10 岁就开始了，有些人可能要到 12 岁或 13 岁才开始，这一切都很正常。然而，在这个敏感的阶段，没有人想"与众不同"。想与他人步调一致，而不是鹤立鸡群，这是一个需要慎重考虑的方面。因此，许多青少年和家长都对青春期这些变化发生的速度感到担忧。下面是一位母亲的经历：

> 我记得我女儿说："我长肿块了！我长肿块了！"你知道的，我只能说："噢，别担心，是乳房开始长了。""但是很疼。"然后，她会发现这很正常，而且它们并不总是以相同的速度生长发育，这样她就放心了。我想我们经历了相当多的阶段，事情并没有出乎意料，而是你可能已经预料到了，但也不一定都是那么直接，甚至还稍微有些恐慌。通常我会说"别担心，我肯定这很正常"，但还是会担心。

父母和养育者应该确保他们对青春期有尽可能全面的了解，这将为孩子提供支持和保障，特别是当青少年担心他们的发展异常时。有些青少年经历青春期过早或过晚，这可能会给他们带来极大的焦虑，当然对成年人也是如此。有些女孩在七八岁开始进入青春期，也有些女孩直到十五六岁才进入青春期，如果这种情况发生在你的家庭，那么请咨询医生。

重要的是，父母和养育者要明白，这些经历不会产生持久的影响。关键是成年人要了解其可能产生的风险，并为青少年提供必要的信息和支持。如果学校没有意识到这种情况，那么家长应该确保老师知情，这样他们也可以为孩子提供适当的支持。我要强调的是，很少有男孩或女孩发育异常，但如果发育异常确实发生了，建议家长们最好对此有所了解。

研究表明，早熟的男孩通常表现得很好，因为他们比同龄人更强壮、更高、更成熟。这通常意味着他们擅长运动，并且很受欢迎。另外，那些比别人发育成熟晚很多的男孩并不一定特别受欢迎，在学业上一般也不够好。

就女孩而言，早熟或晚熟都容易产生问题。青春期提前可能导致其过早的性行为、谈恋爱。发育滞后可能会产生与男孩相同的影响，有时会导致社会关系较差和学业成绩不良。

在结束这一节之前，我想谈谈青春期对青少年可能产生的心理影响。以下是一个女孩回忆她第一次来月经时的情绪状态：

> 我知道这一切都会发生，但我并没有真正准备好我将要感受到的，那种每个月都要经历的感觉，等等，我妈妈只是说："是的，把它看作是一个礼物，而不是一种折磨。"但在某种程度上，你可能会想："我讨厌每个月都这样，我真的很讨厌这样。"

对于父母和养育者来说，重要的是既要关注青少年身体上的变化，但同时也要重视其情感上的变化。青春期会对青少年的自我概念以及自我价值感产生影响，处于这个阶段的每个青少年几乎都会担心自己是否正常。几乎没有一个十几岁的男孩不担心自己阴茎的尺寸，也没有一个十几岁的女孩不担心自己胸部的尺寸。我们从研究中得知，女孩的自我形象在青春期阶段会受到影响，近一半的女孩对自己的身体感到不满。

即使是最自信的人，在适应青春期生长发育突增和新的身体感觉时，也会感到笨拙和尴尬。青春期给身体带来了巨大的变化，每个人都不可避免地会有一段适应期。男孩和女孩之间也有一些不同，因为月经，青春期女孩比男孩做了更好的准备。例如，父母可能会和女孩谈论月经，却很少有父母和他们的儿子谈论春梦。

青春期对一些人来说很简单，对另一些人来说很复杂。有些人记得那是一段充满压力和焦虑的时期，有些人则很难回忆起那些变化。最重要的是，成年人要确保他们理解青春期的含义，能够以最好的方式为女儿或儿子做好准备。

四个典型的青春期行为特征

我想简单介绍一些将青春期与其他人生阶段区别开来的行为。本书中许多接受采访的父母都能生动地描述青春期的行为。

有时看见父母就生气

有时青少年仅仅是因为父母在场而生气。一位母亲告诉我们，当她咳嗽甚至清了清嗓子时，她的女儿就变得很生气。一位父亲描述了孩子同样的反应：

我注意到，孩子对我们的容忍度降低了，他们越了解我们这个人，他们对我们的批评也就更多，比如"哦，爸爸，你一定要那样做吗？"尤其是在吃饭的时候，他们会对我的饮食习惯提出批评，比如"你能不那样做吗？""你能不那样用叉子刮盘子吗？""你非得发出这么重的呼吸声吗？""但我只是在呼吸而已。""是的，但是不要像那样呼吸。""像什么？""就像你现在这样！"这样的事情开始悄然发生，有时她会说"我不能坐在这里，我就是不能"，然后她就会跺着脚走开，因为我吃饭的时候还在呼吸。慢慢地我开始问自己，我真的变成一个老饭桶了吗？

非常以自我为中心

这个时期青少年行为的另一个特点是，他们给人的印象是非常以自我为中心的。他们的世界是唯一的，似乎活在当下。在前面，我提到了由于大脑的变化而产生的对自我强烈关注的内容。青少年（尤其是在青春期早期）对他在别人眼中的样子不太清楚。因此，有时其行为看起来是不成熟的，而所谓的"青少年自我中心主义"（adolescent egocentrism）可能就是这种情况的一种反映。

许多家长对此发表了自己的观点。以下是两位家长的亲身经历：

这就像铁轨上的火车，我想当他们到十四五岁的时候，就像进入了一个隧道，他们在隧道尽头看到的唯一的东西就是他们自身。而我只是在一片黑暗中，根本不在他们的视野里。

回想起来，我知道你变得越来越自私，我知道你是一个典型的青少年，喜怒无常，穿着黑色衣服，完全以自我为中心，你认为这就是你的整个世界，它永远不会改变。那个时候，你很难从自身和此时此刻跳脱出去思考问题。你以为这就是永远的样子，永远不会改变。

特别在意个人隐私

对隐私的需要也是这个阶段的一个特点。有人曾经这样向我描述过：这个少年就像更衣室里的一个演员，他们试着穿上不同的服装，担心观众会怎么看自己，他们需要很长一段时间的准备才能登台。他们这一阶段对隐私的需求反映了青春期早期的不确定性和困惑状态。

我不会说我的儿子特别爱遮遮掩掩，但他不那么坦率。他喜欢把卧室门锁上。对他来说，不惜一切代价保护自己的隐私是非常重要的。起初我反对，但现在我接受了。这间房间是切断我和儿子联系的地方，有点奇怪，他的房间似乎把我们所有人都隔绝了，成了他自己的领地。

情绪和人际关系多变

最后一个青春期行为特征与情绪和人际关系的多变性有关。在前面的章节，我已经提到这一点，也已经说过这个阶段情绪变化是很常见的。之所以再次说到这一点，是因为这是青少年行为的核心特征之一。对此许多父母谈论到他们的亲身经历，以下是一位母亲对女儿行为的描述：

我感觉很困惑，因为我对她所说的，她今天认为是正确的，明天就又认为是完全错误的。每次我都要想"我该对她说什么"，我不知道她会有什么反应。只是情绪波动，不是吗？我女儿的问题是，如果她和朋友之间的小世界里有什么不对劲，那她有点可怕，但如果一切正常，她会很可爱。有时很难看清形势，因为你不知道发生了什么。我想出了家门可能就是另一个世界了吧？

我只能说，所有这些行为表现都有其存在的价值。对于青少年，或者作为父母的你来说，它们可能是令人不舒服的。他们的这些行为不是为了攻击你、伤害你或者把你推开，而是他们在成年过程中处理其压力和需求的一种方式。

记住改变不是一蹴而就的，但有时又会觉得好像什么都没有发生一样。青春期是一个非常漫长的阶段，很多变化是缓慢、无形的。理解这是一个阶段、是一个渐进的变化过程将帮助你了解自己的孩子。使用"STAGE"这个词来描述我所提出的框架的另一个原因是,这个词的每个字母都代表了养育孩子的一个关键因素。下面一章,我将从字母S的意义开始,对每一个元素进行分析。

青春期何时开始何时结束

人们经常问青少年时期会持续多久,例如父母们热衷于想知道青春期什么时候开始、什么时候结束。这并不奇怪,但这些问题没有简单的答案。就青少年这个阶段什么时候开始而言,青春期通常被认为是最明显的开始标志,然而,即使这一点也不明确,因为青春期可以从9岁或10岁就开始,在极少数情况下甚至更早,这些青少年可能会表现出身体发育的迹象,即使他们的情绪仍然像孩子一样。其他青少年可能要到13岁或14岁才会开始表现出青春期的迹象,这种变化都很正常。

最好的答案是,没有任何一种变化或特定时刻标志着青春期的开始。它是逐渐发生的,青春期的各种特征变得越来越明显。家长们可能会注意到一些"青少年"行为的出现,如态度蛮横,或希望独立做出决定。这些可能是孩子开始进入新阶段的早期迹象,女孩有时比男孩更早表现出这种行为,因为经常听到父母把女儿描述成"10岁却像16岁的样子"。

关于如今孩子的青春期是否比前几代人开始得更早,目前已经有很多说法。最近的研究表明,至少在过去的50年里,女孩月经初潮的年龄没有太大的变化。但是,现在青春期孩子在身体发育的其他方面产生了一些变化。例如,女孩的乳房发育较早,男孩变声比以往任何时候都要早,而且与20年前相比,现在的男孩和女孩身高更高体重也更重。其中一个最可能的原因是丰富的营养供给。

关于这一阶段的结束,定义它甚至比确定青春期的开始更困难。人们普遍认为,与前几代人相比,如今的孩子要花更长的时间才能成年。主要是因为一些重大的社会变化,特别是在教育和就业方面。

有趣的是,对大脑的相关研究为此提供了新的线索。我们现在知道,大脑会不断变化和成熟,直到25岁左右。了解这一点很重要,因为我们经常把那些二十多岁的人完全看成成年人。然而,神经科学告诉我们,大脑的发育在青少年时期之后还会继续。

以下是过去20年发生的一些主要的社会变化:

- 越来越多的青少年接受中等教育的时间更长。
- 有全职工作的青少年更少。
- 年轻人的长期工作机会更少。
- 工作类型发生了变化,制造业的职位越来越少,服务业的机会越来越多。
- 越来越多的年轻人继续接受高等教育,其中英国近50%的年轻人上大学。

- 年轻人很难找到住房。因此，大多数年轻人留在父母家里。
- 在过去的20年里，年轻人离开家的年龄稳步增长。

这些现实情况对年轻人的生活和他们成年的方式有重大影响。大多数人在经济上仍然依赖父母，许多人住在同一屋檐下，矛盾和冲突难以避免。即使在最好的情况下，这一阶段也需要两代人相互迁就，以促进家庭良好地运转。

最重要的是，在这种情况下，年轻人很难知道自己什么时候可以被看作是长大成人了。这个应该怎么定义呢？"长大"在当今世界究竟又意味着什么呢？

大多数年轻人多年来都不能完全离开父母而独立。显然，经济独立对于决定一个人何时长大成人没有多大用处。因此，年轻男性和女性转向其他标志其长大成人的方面，如自由决定自己的休闲活动、友谊、性行为或吸毒、饮酒等。

所有这一切都意味着，要确定青春期何时结束比以往任何时候都要困难。这可能会给父母和年轻人带来很多困扰。

- 父母应该帮子女到什么时候？
- 父母应该让子女付房租吗？
- 父母什么时候该给建议，什么时候该保持沉默？
- 当两代人有重大分歧时会发生什么？
- 如果年轻子女想让自己的伴侣住在家里，对此家庭该如何处理？

什么时候才可以宣告这一阶段结束还无法确定，每个人都会以一种略微不同的方式经历成年的过程。对于父母来说，认识到这对年轻人的影响显然很重要。而不了解这一成长过程会造成一定的困扰，家庭需要共同努力应对挑战。想让子女顺利走向成年，两代人之间开放式的沟通必不可少。

WHY WON'T MY TEENAGER TALK TO ME?

为什么我的青春期孩子不和我说话?

第二章
解码青春期的五个关键点（STAGE）

目前为止，我所说的一切都在强调青少年时期是一个发展阶段，而大脑成熟是这个过程的基础。我已经讨论过在这一时期大脑中的一些主要变化，并展示了这些变化可能对青少年产生的影响。在本章，我将从一个稍微不同的角度来展示这些变化。我想更详细地探讨一下"STAGE"框架这个概念的含义。通过举例来说明成长的其他方面，并探讨这些方面与大脑发育的关系。据此我提出一个框架，即"STAGE"框架，来帮助父母和养育者理解青春期。

S—Significance　父母的重要性

T—Two-way communication　双向沟通

A—Authority　权威

G—Generation gap　代沟

E—Emotion　情绪

接下来我将探讨与单词STAGE中的每个字母相关的关键元素。

父母的重要性（S，Significance）

首先解释"重要性"的概念，说明为什么父母对青少年如此重要。这是我在描述大脑发育时已经提到的一点。大脑和环境是密切相关的，两者相互影响，充实和支持性的家庭环境有利于大脑的健康发育。因此，父母在这方面扮演着关键的角色。然而，人们关于父母在孩子青少年时期所扮演的角色仍然存在很多疑惑。

为何父母会觉得自己不再重要了

父母最普遍的观点之一是他们认为自己不再重要了。在我们进行的采访中，父母们一个接一个地谈论他们觉得自己不再那么重要了的问题，觉得孩子的朋友和同龄人在某种程度上已经取代了他们。

因此，父母觉得孩子的朋友对他们的影响和重要性已经超过了自己。这是一种很难控制的感受，因为它会让你感到无能为力，觉得失去对自己孩子的指导权。即使家长们知道这种情况尚未发生，但却依然担心这很快就会发生。

以下是一位母亲的自述（她有一个女儿）：

我的一个担忧是，我不再重要，同伴关系反而变得更重要。我和她的交谈转变为她和同龄人的交谈，所以她不再与我谈论她个人的事情。我正在失去和她之间的那种亲近感，因为之前我和她非常亲密……

以下是一位父亲（他有两个儿子）的自述：

是的，也许我太情绪化了，因为我想要我觉得适合他们的，但我发现他们很难接受。我觉得最大的问题是他们的同伴对他们的影响比我更大，我承认有时我确实对此非常生气。

在"STAGE"框架中，"S"代表重要性。那么"S"反映的实际情况是，青少年的父母和年幼孩子的父母一样重要，只是他们的重要性不同而已。那么，如果父母的经历让他们产生了与之相反的想法，即觉得自己不重要，这怎么解释呢？

消极认同

在青春期，孩子期望脱离成人。这意味着他们不接受父母制定的规则，想表达与父母不同的观点。著名的精神分析学家和青少年问题作家埃里克·埃里克森（Erik Ericson）将这个阶段描述为消极认同（negative identity）的一个阶段。

在这个阶段，青少年想要与众不同。他可能不知道自己想要什么，或者疑惑自己到底是谁。但是他们明白一件事，就是要和父母对抗。他们不会做父母期望的事情，或不想成为父母期望的那类人，因此就有了消极认同的概念。

为争取独立而挑战权力

青少年寻求独立给父母带来了挑战。你很难接受有人说你过时了，或者"你根本不明白！"。你也很难明白为什么孩子更喜欢听朋友的而不是你的话。然而，这对青少年来说却是一个重要的过程，他们需要尝试新的想法，并尝试掌控自己的生活。只有这样做了，他们才能真正长大成人。正如一位父亲所说：

> 当他们开始质疑你的决定，而你认为这个决定非常明智时，你会很难接受这个事实。有时候很难跨越"他们想做的"和"你认为正确的"两者之间的障碍，他们只会认为你很固执而且令人尴尬，不会与时俱进。

这在很大程度上与家庭中的权力有关。谁掌权？谁做决定？从孩子蹒跚学步时起，父母基本上就控制了局面。也许孩子们在交朋友或选衣服时做了一些小决定，但其他方面主要还是由父母决定。身为父母的人都能感觉到，在重要的事情上，他们的愿望会占上风。

然而，随着青春期的到来，这种情况改变了。家庭中的权力平衡逐渐转移，青少年开始为自己争取权力。他们通过许多不同的方式做到了这一点，例如：通过直接的反对和争论，通过变得更加私密，或者通过求助于他们的朋友等。

正是这种权力的转移让一些家长感到难以掌控。也正因为如此，父母才会觉得自己不再重要。以下是一位母亲的感受：

> 有时你会有彻底的挫败感，当他们切断与你的联系时，你会感到非常沮丧。你会想："我只是想做积极的事情，我只是想做好事。""你为什么不想要这个？它就在这里，你不必全靠自己。"有时候，你很沮丧，只想走开。但最后你知道他们必须经历这一切，不是吗？

父母的重要性主要体现在哪里

让我们分析一下研究得来的证据。所有关于养育孩子的研究都告诉我们在青春期阶段父母是多么的重要。青少年表现良好，通常是因为父母一直在支持他们，但这并不意味着只给他们钱或物质性的东西，而是意味着对他们的事表现出兴趣，并在关键时刻提供支持。

下面我举一个例子。对学校成绩的相关研究表明，除了孩子实际的智力水平，父母表现出的兴趣和参与度是影响青少年学业成绩的重要因素。如果家长参与到孩子的学习中来，并表现出对他们的重视，这将对孩子起到强有力的激励作用。当然，这并不是让你经常去学校或与老师频繁交流。但这确实意味着父母对青少年的学业感兴趣，并关心他们的生活。如果学习不顺利，父母要给予他们支持。

但如果你认为这种方法永远有效，那就错了。当然，在某些情况下，比如父母和孩子之间的关系并不好，孩子可能会拒绝父母的关心和关注。关于这种情况，我将在本书后面进行更多的说明。但是，一般来说，父母的角色很重要。作为榜样，父母在许多不同的领域发挥着关键作用，这对青少年的健康、态度和价值观都会产生一定影响，并将影响青少年行为的许多方面。重要的是，父母双方相处的方式会对青少年理解夫妻关系产生巨大的影响，也会影响到他们对两个人如何共同分担重要任务（比如养育子女）的看法。

有人曾经说过，对青少年来说，家庭就像墙纸，你只会在墙纸剥落或者想改变其颜色的时候才会注意它。换句话说，在大多数情况下，父母只是孩子成长的背景，而不是他们成长过程中的中心人物。尽管如此，这也不应与"父母不重要"的观点相混淆。如果父母不在场，或者父母不提供支持，青少年肯定会清楚地意识到"父母很重要"这一点。

我的一个朋友说青少年有点像可怕的两岁小孩，他们实际上需要同样多的时间和关注。我在想："他在说什么？"但我心里意识到朋友说的话是正确的。我们往往会想："噢！他们是青少年。"因为他们会直接走开、关上门、做自己的事。但实际上，你需要提供相互接触的机会，因为他们确实需要互动。在某种程度上，他们需要它，就像我所说的"三三两两"一样。

对青少年来说，父母很重要，因为他们可以为孩子提供：

- 温暖、养育和爱；
- 稳定性；
- 遇到困难时的支持；
- 对青少年重要性的认可；
- 安排和界限；
- 从健康行为到冲突管理的榜样；
- 一个支持大脑健康发展的环境。

即使看起来你儿子或女儿的朋友似乎更重要，但这只是特定发展阶段的一部分。在这个阶段，青少年可以表现出独立性，离开父母。还记得我说过的"消极认同"吗？尽管如此，父母在很多方面都扮演着关键的角色。沟通模式和行使权力的方式是父母行为对年轻人产生影响的两个主要方面。我将在之后探讨这些话题。

我希望你能从这本书中得到一些启示。其中，需要牢记的一点是：对青少年来说，父母是极其重要的！

双向沟通（T，Two-way communication）

T在"STAGE"框架中代表"双向沟通"。并不是所有的沟通都是双向的，事实上，青少年经常说他们的父母不是审问他们，就是告诉他们要怎么怎么做（比如做家庭作业），这是单向沟通，只有一方在说话，这与听和说平衡的情况非常不同。双向沟通，是每个人都有机会说话，并且还能感觉到自己被倾听。我认为双向沟通是成年人和青少年沟通的一个关键方面。

在为青少年父母开展的研讨会上，专家经常被问到的一个问题是："我怎样才能让我的儿子（或女儿）跟我说话？"父母希望他们能轻松地和孩子沟通，但孩子往往对交流不感兴趣。这是为什么呢？沉默、抱怨或争论背后的原因是什么呢？

正如我已经说过的，这与权力平衡的变化直接相关。青少年表达独立的一种方式是在沟通中扮演更积极的角色，这可以从许多不同的方面看出来：

- 青少年只想在特定的时间交流；
- 青少年根本不想说话；
- 青少年因受到盘问而生气；
- 青少年觉得自己没有被倾听；
- 青少年沉默是因为成年人"不理解"；
- 青少年想争论，而不是听从。

最近关于青少年和家庭的研究中，有一条线索与这样一个事实有关：关系总是朝着两个方向发展。前面，我提到了关于"信息管理"的研究，它强调了年轻人如何决定"向父母说还是不说"。

成年人可能认为自己需要发言或做决定。父母一般认为沟通是单向的——从父母到青少年。事实上，沟通是双向的，青少年和父母一样都有掌控权。让我们来看看这位父亲与他的孩子发生的令人沮丧的经历：

我认为他们关注了负面的信息。你责备他们，因为你已经告诉他们很多次了，但是他们只抓住那个负面信息不放，这使你不得不关注他们。跟他们相比，这可能更使你烦心，因为对他们来说你是错的，你什么都不知道,你不明白,你是父母,所以他们不听你的。然而我在想为什么我们不能好好沟通,求同存异,吵出个结果呢?

很明显,这样的经历对成年人和青少年都没有帮助。在部分章节,我们会讨论问题出在哪儿,我们到底可以做些什么?

什么影响了沟通效果

父母只说不听

从上面几个例子我们看到,几乎每个人都假设自己在说话的时候别人在听。而多数情况下,青少年并不注意父母所说的每件事,他们可能只听到一半。这里的一个关键点是,如果人们意识到别人在听自己说话,那么他就更有可能去听别人说话。这是父母和青少年之间交流的一个重要因素。

青少年经常说,父母只是想说,而不想听。然而,说和听是相辅相成的。听与说平等分配的沟通效果通常很好。当对话中的一个人说了过多的话,那么沟通效果就恰恰相反。如果父母和青少年想进行良好的沟通,务必要牢记听和说同样重要。

以下是一位家长在与青少年沟通方面遇到的困难。这位父亲仍然认为沟通的目的是让他的儿子或女儿接受自己的观点。

许多人说，青少年觉得父母不是在与他们谈话，而只是在跟他们说话。家长们往往会说"事实就是这样"，而事实证明，这是在对他们说而不是谈。我发现你需要格外聪明才能引导你的孩子接受一些东西。作为父母，很难不去问问题，但青少年不喜欢被问，他们把这当作审讯！

这说明父母既要考虑所说内容的重要性，同时也要考虑听众。要知道，从我们口中说出的话只是整个交流过程中的一小部分，你可能认为你说得很清楚，但是发生在听众身上的事会影响他所听到的内容。听众可能在想别的事情，只听到你说的一半。他们可能会对你的语气产生误解，在你开口之前就已经关掉了倾听的大门。

因此，建议你在想沟通时，要尽可能多地考虑对方而不是自己或自己想说的话。要试着设身处地为听众着想，比如想想你说话的时候他们会怎样，这有助于帮你调整谈话的信息以适应当下的情况，而且可能会增加你被倾听的机会。

各种影响沟通的"过滤器"

继续这个话题，我们可以想象一下听众正在操作一系列过滤器，这些过滤器负责调整正在传递的消息。

权力关系的过滤是青少年关注的重要方面之一。举个例子，比如一句来自父母的简单询问："你的家庭作业做得怎么样了？"可以被青少年过滤成："作为你的父母，我要你赶快做你的作业！"当然，这并不是家长真正表达的意思,但一旦信息经过"我的父母试图证明他的权力比我大"的过滤,它就变成了这样。

这是一个没有考虑过权力过滤器的家长的例子:

我不知道是我的孩子们觉得很难和我交流,还是说他们真的不想和我交流?但我不觉得和他们交流有什么困难,只是难以让他们在和我交流的时候安下心5分钟来听我说,因为他们不是很感兴趣。我把他们叫到一边,对他们说:"你们听听这个,因为我认为它很重要。"

另一个经常对青少年起作用的"过滤器"是期望。如果父母对某个话题信息有所预期,他们就会接收到这些信息,即使不是有意的。一个认为母亲会唠叨她卧室不整洁的女孩总会听到这种信息,即使母亲可能在谈论一些与之完全不同的事情。

现在是探讨信息管理的好时机,可以说这也是一个过滤器,但它是由说话者而不是听话者使用的过滤器。我们很多时候会选择告诉家人一些事情,有时又会隐瞒一些事情。事实上,如果我们非得把发生在我们身上的每一件事都告诉别人,那么生活将复杂无比。有关青少年的研究可以帮我们了解青少年如何决定告诉父母什么不告诉父母什么。

研究显示:

• 青少年对于如何管理信息做到了深思熟虑;

- 青少年根据各种各样的原因来决定什么该说,有些是为了保护他们的父母,或者至少是不想让他们担心;
- 青少年对于什么是父母应该知道的、什么是他们不需要知道的,有着清晰而深思熟虑的观点;
- 对信息管理的研究是证明沟通是一个双向过程的最好例子之一。

孩子沟通能力有待发展

虽然我们知道开车、做饭这样的事情是种技能,但很少有人意识到沟通也是一种技能。我在前面章节介绍过,由于大脑前额叶皮质的发育,青少年的思维和语言经历了一个快速发展的时期,学习沟通也是其发展过程的一部分。

词汇量的增加是大脑语言区域成熟的一种反映。值得注意的是,十四五岁孩子的词汇量仅占成人词汇量的75%。想想看,如果你只有平时3/4的词汇量,要描述一种强烈的情绪该有多难!

青少年常说成年人"很擅长沟通"。换句话说,对他们来说,成年人似乎能很容易找到合适的词语来为自己解释。而青少年很难找到合适的词,他们觉得自己不太擅长表达自己,这是青少年退缩或保持沉默的原因之一。他们不像成年人那样自信,自然也不想看起来很傻。沟通是一项必备技能。理解这一点的父母可以发挥出重要的作用,帮助青少年发展这一技能。

如何提升沟通效果

充分使用非言语交流

众所周知,沟通不仅仅是谈话。大量的信息可以通过手势、声调、眼神、站姿等方面来展现,这通常被称为非言语交流。非言语交流所传达的信息与言语交流传达的信息一样有力。你可以使用适合的语言,清楚地表达自己的愤怒情绪,通过非言语交流,你同样可以做到这一点。以"我在听你说话"为例,可以试着用不同的方式说这句话,你会发现即使是对一个词语略微不同的强调也会给这个句子带来不同的意义!语气可以传达的信息多到惊人的程度。

与青少年进行非言语交流的关键是找准时机。在处理青少年棘手问题时,时机显得尤为重要。如果你想跟孩子谈论一些重要的事情,那么找一个适合孩子的时间很有必要。父母们都知道,青少年经常选择最不方便的时间,比如深夜,来打开他们的心扉。然而,抓住时机可能会带来更大的益处,你可能会听到一些其他时候他永远不会说的话。

情绪不对时暂缓沟通

目前,我采取了一种非常理性的沟通方式。然而,没有人能一直保持理性。情绪往往会变成沟通障碍,尤其是对青少年。要意识到疲惫、愤怒或沮丧等情绪会对沟通产生重大影响。这里有一个很好的例子:

有时，我发现很难和女儿沟通。我感到自己不被倾听、被故意忽略，她似乎沉浸在自己的世界里。我下班回来很累，已经累了一整天了，我真的需要一些时间休息一下，但她可能没有意识到这一点。反过来也是一样，我对她的需求也不够敏感。因此，沟通往往会中断。

在情绪高涨的情况下，冲突也会升级，争论可能会一直持续下去，因为话语背后隐藏着愤怒，也可能会说一些需要很长时间才能得到解决的事。

我得说，当你和他们争吵的时候，他们说了一些很难听的话，你可能觉得自己说的话没那么难听，但是他们会把你的话放在心上。在一次争吵中，我确实说过："你现在让我想起了你的父亲"，这是我能说的最糟糕的话。直到6个月后他开口了，我才意识到这句话给他带来了多么大的打击。所以我要对大家说的是："小心那些难听的话语从你嘴里说出来！"

在这种情况下，意识到父母有时可能不想听孩子说些什么这一问题也是很重要的。在最好的情境下，父母会愿意听孩子说话，但有时又很难做到。例如，一位母亲可能明白，放学后孩子想让她待在家里，但她的工作可能不允许，这就造成了他们之间无法言明的紧张关系。孩子想"抱怨"这种情况，但母亲不想听。因此，在这种情况下，家长需要付出相当大的努力才能与孩子进行交流。

这些问题没有简单的答案，明白我所说的关于沟通的这些关键可能会有所帮助。情绪，尤其是负面情绪，会对父母和青少年之间的关系产生重要影响。在这种情况下，退后一步、做做深呼吸、休息几分钟，通常是最好的处理方法。同时，要记住，青少年的挫折感和愤怒感可能更多来自他们自己的情感世界，而不是针对父母。我会在相关章节着重讨论这方面的问题。

表达感受，避免指责和评判

当你对十几岁的孩子生气或感到不高兴时，你很容易变得吹毛求疵。你可能觉得孩子表现不好，或自私，或粗心。因而，大多数父母很难不去责备孩子。你可能发现自己在说这样的话："你快把我逼疯了""你应该更小心一点""你太自私了""这都是你的错"。

擅长沟通的人都知道，把责任推脱给对方可能导致沟通关系破裂。对方会为了自卫不再说话，或者对方会更加生气，争吵就会升级。

新的办法是使用"我"的语句，即小心地发表一些仅限于表达自己情绪的言论。你不是在指责或责备，你只是在陈述你自己的感受，比如："我对所发生的事感到不安。""这种事情让我感到生气、悲伤、沮丧等。"这样一说，你不是在谈论别人，而是在表达你自己，这会让你和孩子对彼此更加亲近。

你会发现，使用"我"的语句会让沟通渠道更容易保持畅通，即使周围充斥着强烈的情绪。如果你能控制自己的感情，别人可能也会如此，而且不会产生戒心。一开始很难，但一定要试一试，任何使用过

"我"的语句的人都可以证明它们对交流的影响。

一个很好的沟通案例

我用下面这个例子来结束本节内容，其中包括一些比较有用的沟通技巧。

我女儿进来了，她的脸很臭，从她把包扔下来的样子可以看出她有点暴躁。我不催她，先让她放松放松，然后再说："来吧，我想和你谈谈。"她会坐下来一会儿，然后我会说："有人一直在找你麻烦，有什么事让你不高兴吗？那在我们吃饭之前，坐下来放松一下，好好谈谈吧。"我们一起聊天，我开个玩笑，她就会笑起来，笑容从她嘴角浮现出来。我对任何人都这样，包括我的丈夫，只要他们想聊天我就会这样做，如果他们不想，也许你可以在几个小时之后，等他们心情好的时候再问他们。

沟通必须有两种方式。如果你允许他们找你说，他们也会听你的。你们不总是互相理解，会有性格上的冲突，有时也会有巨大的偏好冲突，但是他们必须知道你为什么想要你想要的，反之亦然。沟通并不意味着一致，平衡冲突可能更有帮助。如果冲突是沟通造成的，那么它可能是有益的，但如果是由于沟通失败造成的，那就不一样了。有时你必须表现出改变自己判断的能力，否则他们不会向你诉说他们的事情。

沟通小技巧

- 时机。这是沟通的关键之一。你的孩子不会总是在你合适的时间开口。如果你的生活很忙碌,而你有些事情想要跟孩子谈谈,这可能是令人沮丧的。然而,如果你能等待合适的时机,你会发现你们之间会达到一种很好的沟通效果。"如果他们想谈,那就谈。如果他们不想,也许你可以几个小时后再问他们……"

- 一致/分歧。要记住,你不必总是和你的孩子达成一致。如果你试图强迫别人接受你的观点,你很可能会碰壁。接受你和孩子之间的差异,意味着你承认孩子的观点是正确的。"沟通并不一定意味着一致"。

- 尽量不评判。由于青少年在这个阶段缺乏自信,很难接受别人的评判。"你必须表现出改变自己那种带有评判的表达,否则他们不会再和你诉说什么事情。"

- 幽默。大多数人喜欢笑话和幽默,幽默可以消除冲突或分歧中的紧张情绪。如果你能看到困难情况下有趣的一面,你的孩子会欣然接受。"我开个玩笑,她就会笑起来,笑容从她嘴角浮现出来。"

- 小心无心的话。当人们感到压力或愤怒时,他们可能会因一时冲动说出一些令人厌烦或伤人的话。当然,青少年无法完全避免父母的强烈情绪。然而,在青春期,孩子特别敏感,对被嘲笑、讥讽、打击的话是很难接受的。正如一位家长所说:"小心你嘴里说出来的话。"

- 愿意倾听。这可能是最重要的技巧了。沟通是一个双向的过程,你听得越多就越能明白青少年在说什么,他们就越有可能接受你要说的话。

权威式教养（A，Authority）

父母行使权威的方式会对家庭关系产生根本影响，然而，做好这一点却是一个挑战。一些家长过早放弃了自己的权威，而另一些家长则试图长期保持自己的权威。而在这两者之间保持平衡从来都不是一件容易的事，所以在这一节中，我将探讨青少年的需求，以及父母如何明智地使用他们的权威。

我有个朋友，她的妈妈很酷，可以允许她在屋里吸烟之类的。她妈妈真的很好，我愿意和她聊天，但我不想让她做妈妈。因为这一切都有点随意，就好像她是一个没有安全感、没有规则的伴侣。我想，我的朋友也是这么认为的。

——一个15岁的女孩

这是什么意思？事实上，这个女孩指的是青少年对安排和规则的需求。没有这些，一切都感觉有点"随意"。后面我会更详细地探讨这个话题。

权威式教养对青春期孩子最有效

我将从"教养方式"（parenting styles）开始。所谓的"教养方式"，指的是父母对待他们十几岁女儿或儿子的不同方式。一些家长比较强调纪律，而另一些家长对孩子行为的管教则比较宽松和灵活。对父母教养方式的研究表明，有一种教养方式对青少年来说效果最好，它被称为"权威式"（authoritative）教养。因为父母是温和、慈爱的，但在必要的时候也是坚定的。具有"权威式"教养风格的父母也能促进青少年的自主性和独立性，这是根据青少年的年龄和成熟度来分级的。

不同的养育方式会导致或多或少的冲突。因此，比起那些冷漠或纵容的父母，严于律己的父母能够处理更多的冲突。前面那个"很酷"的母亲属于"纵容式"教养风格。她选择这种行为方式可能是为了避免冲突，但是，很明显这不是大多数青少年真正需要的。

父母教养方式研究的核心包括父母教养行为的两个维度：

- 回应性；
- 要求性。

"权威式"教养风格的父母在这两个维度上的表现都很好。因此，"权威"的父母会对青少年的个人需求做出回应，他们是温暖、有爱的。然而，这种教养方式也包含了很高的要求，意味着父母要有明确的期望，并将这些期望传达给青少年。它还意味着父母需要提供明确的界限，使青少年处于一个安全的范围内，助其成长。

我认为没有任何规则限制的孩子有一个共同的问题——恐惧。我可以谈谈我在青年俱乐部的经历。我看到孩子们会因为没有界限、没有指导而变得非常恐惧。尽管他们看起来似乎不想被限制，但他们却在为之哭泣，而且当恐惧消失后，他们往往显得如释重负。

设定界限会导致冲突。然而，如果能以一种明确的方式做到这一点，即父母把青少年的利益放在心里，而不仅仅是在乎自己的利益，这会很有帮助。值得注意的是，父母设定的清晰界限可能不是青少年想要的，但是没有界限，他们可能会迷失。

总之，应对青春期最有效的方法是：

- 接纳青少年的个人需求；
- 让青少年感觉到被重视和被尊重；
- 设定严格的界限；
- 明确表达对孩子的行为和成就的期望。

父母对教养有分歧怎么办

我们在谈论教养方式时，要记住这是父母两个人的事。父母很可能会有不同的教养方式。事实上，在扮演父母角色时，两个成年人有时意见不合，这是不可避免的。有时意见不合只是因为父母看待问题的态度有所不同，而有时则可能是双方教养风格迥然不同。

家里的气氛很糟糕，当然不是一直都这样，但有时真的会很紧张，我丈夫有时会对我说："天哪，你知道吗？你对他有点苛刻。"然后我必须退后一步，看看我是不是太严格了。当我们俩都在家的时候，我在看待或处理某一种情况时，可能会有截然不同的观点。

无论父母分居还是住在一起，他们处理养育问题的方式将对孩子产生深远的影响。孩子会很快抓住父母之间的差异，并尽可能地利用这些差异。

他们总是试图在父母之间钻空子，所以我和我丈夫必须表现得团结一致，但我们并不总是能做到这一点！

很多家长都说要"同台演唱"，但这位母亲也承认，有时很难做到这一点。有时父母真的对如何处理某一情况有不同的看法。另外，由于生活忙碌，他们可能根本没有时间在情况出现之前一起计划和解决问题。

父母之间一定会有意见分歧，因此最好找机会一起讨论问题并达成一致的解决方案。如果不能，就尽量不要让孩子利用这些差异。最好避免让孩子说出像"哦！但是爸爸说我可以这样做"或者"但是，妈妈允许我这样做"的话。

如果父母意见明显不一致时，父母双方掩耳盗铃地向孩子假装他们在所有事情上都意见一致是没有意义的。但是，父母需要让孩子知道两件事：

- 你们作为父母是互相支持的；
- 你不会允许孩子介入你们之间的关系。

以下是一位母亲如何尽最大努力向孩子展示自己对以上两件事的看法。

我觉得父母一起承担教养责任很重要。而最重要的是，你要向孩子展示出你们的团结。不管你事后如何与对方争吵，在孩子面前你都要和对方团结一致。针对不同的观点，我们想办法解决，下次我们会努力阻止它发生。然后，我们会谈到分歧点，当然也必须谈到这一点。沟通的渠道必须对你的孩子保持开放，也必须对你的伴侣保持开放，否则就是一场灾难！

什么样的规则孩子更容易遵守

这是一个较难的问题，但它与前面说过的问题密切相关。如果没有规则，就没有安排。年轻人需要在家里有一种安全感、包容感。当然，青少年不喜欢规则，因为他们接收到的信息是，父母才是掌控一切的人，他们会找到各种方式来挑战规则。在这个过程中，他们可能会给父母带来烦恼和痛苦。然而，父母必须坚定立场，坚持己见。

重要的是，这些规则本身必须合理。针对青少年的规则应该有一定的特点，可以使他们更容易执行。

- 首先，规则应该简单易懂，并且有一个清晰的基本原则。
- 如果可以，应该就这些规则与青少年协商，这样他们在如何制定这些规则方面就有了发言权。
- 这些规则应该是为了青少年的利益，或者是整个家庭的利益。
- 制定规则不应该只为了成年人的利益。
- 理想的规则应该与青少年的安全、利益或幸福有关。
- 规则不应该仅仅表达父母的意愿。
- 最后，父母应该尽量少定规则。规矩越少，就越容易被遵守。

以下是一位家长与孩子共同解决问题的经验总结：

我很偶然地发现，当我们在讨论他们晚上应该什么时候回家时，如果我说："你认为是什么时候？"他们一般说的时间都比我预料的要早！我认为这是一个极好的谈判方式！我惊讶于他们的理智。当然，如果他们说"凌晨3点"，我会说"这太荒谬了"，然后他们会笑着说："好吧！我想是这样，让我们实际一点吧！"

规则被打破了怎么办

规则会被打破，所以我们必须接受这一事实。然而，如果这些规则是合理的，那么家长就需要说明违反这些规则的后果，也应该告诉孩子这些规则是为了他们的利益而设定的。过于严厉是没有帮助的，这只会更激发孩子挑战权威，与父母更疏远。

同样重要的是，必须让青少年知道，一旦违反规则就要承担后果，否则这些规则有什么意义呢？青少年可能对任何后果都大惊小怪，但父母应该坚持原则。孩子一旦冷静下来，就会接受父母的规则，这也通常是令人惊讶的地方。下面这个例子很好地阐明了这一点：

在涉及他们利益的事情上，他们应该有很多话要说，但我确实认为父母必须做出一些决定，并坚持这些决定。在我女儿16岁的时候，她想参加派对之类的活动，她的很多朋友都去了，她开始向我争取她能参加多少场聚会。有一周她安排了三场，于是我就插手了。我说："你不能同时应付这些聚会和大学的事情。"所以我们有了激烈的争论。"你毁了我的生活，你不让我做任何有趣的事，我在这里像是一个囚犯。"她变得非常激动，我说她只可以参加一场聚会，但她不愿意选择。所以我说："就这样吧，你哪个都不能去。"最后她根本没有出门，整整两个星期她都很平静，我想她需要一个坚定的人来支持她。有时候，你必须坚持自己的立场，准备好面对冲突和指责。后来，我想她意识到自己是在无理取闹。

如果必要，怎样处罚更有用

针对青少年的处罚措施应该与年幼儿童的不同。一位家长对我说："当我们住在繁华的街边，而他却几乎从不出门时，把他关在家里这种处罚还有什么意义呢？"青少年家长最常使用的处罚措施包括（在适当情况下）禁足等对自由设置各种限制，丧失特权，失去零花钱，没收笔记本电脑、游戏机和iPad等设备。

我必须强调的是，有时候这些措施都不好用，正如这位家长所说：

我觉得她已经大到无法禁足了。她已经15岁半了，觉得自己足够大了。在她出门的时候对她说"嘿，你被禁足了！"是相当愚蠢的，对她来说就像"噢，你还能拿我怎么样？"。她自己有钥匙，有手机，有公交卡，没有必要把她关起来，因为她无论如何都要出去。你不能把孩子关起来，有时候我觉得她和她朋友出去更好，她会冷静下来的！有趣的是，如果我们吵架了，10分钟后她会给我发短信，她说话的样子好像什么事都没发生过。这很奇怪，真的很奇怪！好像一切如常！

从这个例子中得出的经验是，处罚必须与年龄相适应。对年龄较小的青少年来说，禁闭的处罚方式是可以的，但对15岁半的青少年就不行了！随着青少年年龄的增长，处罚可能没那么有效。就像这位母亲所说，她女儿已具有一定的独立性，她已经无能为力。一旦孩子到了这个阶段，规则将变成一种谈判而不能强迫。

没有所谓的正确或错误答案，因为每个家庭教养孩子的方式、观念都有所不同。但要注意，严厉或过于严厉的处罚几乎总是适得其反。最后一点，如果能够向青少年解释处罚的原因，那么他们就更有可能从中学到有用的东西。

如何应对孩子的对抗

青少年有很多反抗的方式，虽然并不一定是直接的对抗，但可能包括不尊重、撒谎、隐瞒、假装不懂规则、发脾气和妨碍他人等行为。关于孩子是如何找到方法来规避规则的，每个父母都有自己的亲身经历。我们都知道，青少年会编造一些故事，比如末班车被取消了、电话不通，或者不得不在聚会上留下来照顾生病的朋友等。所以，规则越合理，孩子公然违抗的可能性就越小。

但是，我在此给出的这些建议对有些家庭根本不起作用。有些青少年对涉及的谈话或协商的方法没有反应，他们讨厌处罚，根本不去遵守，也不去参与理智的讨论。那些在外面待到很晚、饮酒，或与反社会人格的同龄人交往的青少年需要不同的处罚方式。

以上这些情况，我承认没有任何简单的解决方案，每一种都需要独特的处理方式。在后面的相关章节，针对青春期可能发生的严重错误，我将向父母陈述一些应对方法。现在我只想说，不管出于什么原因，一些青少年失去了与父母的基本沟通，导致无法建立合理的界限。虽然这样的青少年为数不多，但他们对父母和其他成年人来说却是一个巨大的挑战。

从下面的采访中可以明显看出,当一个十几岁的孩子很难相处的时候,父母会觉得整件事情已经失控了。

我嫂子和她十几岁的女儿闹得很僵。她不知道自己的女儿在哪里,只知道她在参加一个通宵晚会。我说:"你为什么不问她要去哪儿?"她的反应是:"不,我不能那样做,因为那样做像一个间谍。"我说:"她在刁难你!你必须勇敢地面对她。"我嫂子说她做不到。

当界限太宽泛时,很多时候青少年会显得不受约束。父母最终也因不知道该如何应对而感到很失落,我想他们也觉得自己很丢脸。我认识的一位家长经常被孩子冒犯,而她却不知道如何应对。我认为,实际上需要有人告诉青少年他们很失礼,但家长们没有足够的把握对自己的孩子说他们出了什么问题。

事情失控的感觉对父母来说很难,它会导致强烈的愤怒和沮丧,更会使父母伤心。这通常也会造成父母双方之间的一些矛盾,双方都将这种情况归咎于对方。我在本章探讨的内容将帮助父母避免这种失控的感觉,比如简单的规则、必要时的坚定、考虑青少年的需求、保持沟通渠道的畅通等,这些都有助于父母获得掌控感。

我想讲一个简短的故事来说明我在本节中提出的观点。这个故事涉及一个很棘手的问题,即如何处理晚上使用智能手机的问题。有一位母亲告诉我,她非常担心自己的女儿晚上熬夜,和朋友煲电话粥。女儿早上明显很累的样子,而且起床上学都很困难。这位母亲决定制定一个规则：晚上10点半之前，她的女儿必须关掉手机，把它放在卧室外面。

这导致了女儿的愤怒和怨恨，产生了激烈的冲突：女儿砰的一声关上门，骂骂咧咧地大喊大叫。然而，母亲立场坚定，坚持说她是在为女儿着想。第二天晚上，同样的事情发生了，出现了更激烈的冲突。第三天晚上也发生了同样的事情，这时母亲已经开始担心自己是否还能坚守阵地。第四天晚上，母亲惊奇地发现她的女儿乖乖地把手机放在门外，静静地准备睡觉。从那天起，女儿晚上遵守晚上使用手机的相关规则。几个星期后，女儿承认，睡觉时不带手机是一种巨大的解脱！

来自其他父母的有用建议

我将用父母们自己的一些建议来结束本节内容。

- 坚持到底。

"坚持你的立场，准备好面对戏剧性事件和指责。"关键在于必要的时候要坚定立场，即使这意味着短暂的紧张关系或高涨的情绪。青少年可能会说规则和界限很可怕，但它们绝对是有必要的。青少年需要成年人设定的界限，这样他们就可以将这些界限逐渐融入自己的生活，并逐渐适时地为自己设定界限和限制。

- 一次专注于一个问题。

"我发现一个很好用的办法，就是一次只专注于一个问题。在做家庭作业的时间,只要她去做,我就给她其他事情上足够的自由。"这与尽量少制定规则的想法有关,问问自己什么才是真正重要的,然后集中精力去做。

• **有很多方法可以达到你的目标**。

"如果你想按自己的方式做某件事,我觉得最好的办法是建议,而不是做决定。"不是说"我们要做某某事",而是说"你觉得做某某事怎么样?""你认为这是个好主意吗?"。这样做是为了让青少年在决策过程中有发言权。青少年越觉得自己的观点被倾听了,就越有可能去倾听成年人的观点。

• **赢得争论并不总是值得的**。

"有时候,最糟糕的事情莫过于你和他们进行了长时间的争论,最后你得出了一个你认为站不住脚的结论,而这只会让事情变得更糟。你已经证明他们是错的,他们一点也不喜欢这个结果,说明赢得争论并不总是值得的。"这与权力关系有关,一般情况下,成年人都试图"赢得争论"。然而,我们能得到什么结果呢?与青少年交流不是为了争论谁对谁错,而是分享想法和相互倾听。

• **鼓励成年人行为**。

"如果你给他们提建议的机会,而不是试图把你的想法强加给他们,效果往往更有效。询问他们的想法,就是你在试图鼓励他们的成年人行为。"这是一个很好的建议，它触及了父母想努力实现的目的的核心。当然，我们要保证他们的安全，确保他们不脱离轨道。我们也想帮助他们成长为有一个责任感的人，但帮助他们做决定和解决问题需要合适的方式。

- 他们需要指导，但不需要束缚。

"有时候很难知道他们想要什么，父母有责任了解他们需要什么。当然，他们需要安全、需要指导，但他们不需要束缚。"这位家长用一句简单的话描述了"权威家长"的概念。在青少年时期行使父母权力，关键在于在设定界限和促进孩子成长、发展之间取得平衡。聪明的父母会引导孩子，也会避免束缚孩子！

代沟（G，Generation gap）

很多原因可以解释为什么父母和青少年之间总是不能达成一致意见。在后面，我将陈述不同的权威观念和沟通上的问题是如何导致冲突的。在这一节，我想先谈谈代沟，因为它是成年人和青少年关系的重要组成部分。

代沟的概念由来已久，甚至在16世纪末莎士比亚也曾说过，年轻人与老一辈之间存在着矛盾。在现代，代沟指的是成年人与年轻人对某些事可能持有不同的态度和价值观，无论是对互联网、手机还是反复谈论过的性、毒品等话题。

现在一切都是自由的——性自由和其他一切。我个人不相信性爱自由，但我已经过时了。现在性是很容易得到的，但我不认为它对青少年有什么好处，反而导致了更多问题。我的小女儿常常公开谈论这件事，她说如果她想和某人上床，不管我是否同意，她都会这么做。

——两个女儿的妈妈

在这一节，我想探讨代沟产生的原因，以及它是如何影响家庭关系的。在一次又一次的采访中，年轻人说父母根据自己的成长经历对他们进行评判是不公平的，因为今天的情况与以往不同了，许多事情已经发生改变，但是许多成年人仍然根据早期的标准来判断现今青少年的行为。

时代不一样了。成人常说"在我那个年代"诸如此类的话。但很多事情都变了，他们却总想要回到过去。现在我们有了电脑、X-Box、游戏机、电话和其他一些东西，可他们总想回到自己年轻时的时代。

——15岁的男孩

的确，像我们父母这样的人成长在一个与我们完全不同的世界，也许并不是完全不同，但我们这一代与互联网一起成长，他们只是把它看作一种可以随时访问任何你想要的信息的工具，但事实上，我们两代人的成长环境很不一样。

——16岁的女孩

在这一节，我将讨论父母和青少年怎样才能缩小代沟，或者至少承认他们之间观念、态度的不同。

导致代沟的四个主要原因

我认为代沟的产生至少有四个原因。

首先，很明显，与儿子或女儿相比，父母生长于不同的时代，比如我前面已经提到的智能手机、互联网，以及人们对性的态度的改变，然而，这些并不是影响青少年生活的唯一社会变化。如今，媒体扮演的角色不同了，40多年来，教育界也发生了巨大的变化，同样青少年就业的方式也与前几代人不同。如今，青少年对工作和职业的期望也发生了很大变化，他们的社交经历以及由社交媒体形成的同龄人群体也是如此。

第二个重要原因是，父母和青少年处于不同的人生阶段，正如一位青少年所说的："他们在工作，而我们没有。"因此，两者看待生活的方式会有所不同。成年人承担着对家庭的责任；而青少年关注的是自己的生活，在生活中他们当然也有压力，但压力的类型却大不相同。因此，由于生活经历的巨大差异，成年人和青少年所持有的态度和价值观自然也非常不同。

如果一个人从来没有工作过，他们可能就不会理解父母对雇主和其他人的态度，显然还有对金钱的态度。即使青少年得到了零用钱，他们也要依靠父母，所以让他们理解父母对待金钱的态度是非常困难的。当你在经济上依赖别人的时候，你怎么能在情感上独立呢？现在的青少年对工作没有多大期待，家长可能不理解这一点。家长们想逼着他们去面试，去做那些他们没有多少机会成功的事情。许多青少年可能会觉得："这么努力有什么意义呢，反正也没有工作。"不同的经历和态度造就了两者之间的障碍。

——17岁的男孩

第三，父母不记得他们自己小时候是什么样子了。许多青少年和家长在访谈中提到了这一点，父母们意识到他们已经基本忘记了自己青春期时候的样子。许多人说，尽管每个人都经历过青春期，但很少有人借鉴当年的经历来帮助他们与十几岁的孩子建立良好的关系。

我认为成年人往往会忘记他们年轻时的感受，他们中的很多人似乎变成了自己的父母！当他们年轻的时候，他们也会抱怨自己的父母，然而当他们有了自己的孩子后，会做和父母完全一样让青少年抱怨的事情。有趣的是，他们完全忘记了自己在那个年龄阶段的想法。

——16岁的男孩

最后一个原因是，父母能否对青少年行为给予适当的看法。我之前提到过，如果父母在对青少年的评判中太过强势或强硬，那么冲突就很容易产生。许多青少年说，在所有情况确定之前不要急于下结论，这一点很重要。正如一位女孩在谈到自己的父母时所说的：

不评判最好，因为你总是被人从各个角度进行评判，有一个你可以畅所欲言而不被挑剔的环境就太好了。

从中可以看到，各种各样的原因加深了父母和青少年之间的代沟：

- 社会变革；
- 父母和青少年处在不同的人生发展阶段；
- 父母不记得自己年轻时的样子；
- 成人对于青少年的行为过于挑剔。

所有这些都有可能使父母和青少年持有不同的态度和价值观，但这未必是一件坏事。当然，也可以用其他方法来减少父母和青少年之间的矛盾。然而，在寻找减少代际差距的方法之前，我想先讨论一下青少年认为对自己的评判不公平时产生的一些后果。

代沟会有哪些负面影响

许多青春期孩子会感到很脆弱、自卑。当一个人正在经历重大变化和快速发展时期时，他的自信心就会动摇。试想，当你感到自己被人评头论足或批评时，会不会有压力？那么就难怪青少年在受评判时会变得很有戒心。青少年与父母在行为标准上的不同观点可能成为两者之间分歧和争执的焦点。

两代人之间的分歧会产生很多后果。

首先,这种分歧是由于青少年觉得自己没有得到父母的尊重造成的。青少年最希望的事情就是被倾听,希望自己的观点受到周围成年人的尊重。成年人和青少年对标准和价值观的强烈冲突,很容易让青少年认为他们的观点不被重视,随之而来的是埋怨。很明显,如果青少年对父母评判他们行为的方式感到不满,那么只会导致进一步的冲突,助长家庭中的不良情绪。

再者,埋怨反过来会导致沟通问题。正如在前面所指出的,说和听是相辅相成的,促进良好沟通的关键因素之一是双方都有被对方倾听的感觉。当青少年觉得他们的观点被考虑时,沟通才有效,否则,沟通就很难继续下去。两代人之间因态度不同而产生的冲突必然会阻碍交流。

最后,也是最重要的一点,即父母和孩子的分歧越多,沟通时的问题越多,父母的影响力也就越小。

总之,后果可能是这样的:

- 青少年觉得他们的观点没得到尊重;
- 青少年感到不满,又导致:
  青少年对发生在他们身上的事情不怎么主动交流,又导致
  父母很少有机会在青少年的生活中发挥影响力。

父母可以做些什么

父母和青少年可以做很多事来减少代沟的负面影响。正如我前面所说，代沟不一定是坏事。开放性的讨论和对话是青少年表达自己想法的健康方式，这也有助于他们意识到顾及他人感受的重要性。然而，当讨论变成了冲突，冲突导致交流中断时，那么本来已存在的代沟会导致严重的问题。

以下是来自父母们自己的一些建议：

- *意识到时间的流逝*。

大多数父母不承认自己年纪大了。当孩子想要做一些对父母来说很陌生的事情时，父母可能还没有意识到时代的变化。但重要的是，在孩子眼中父母已经上年纪了。社会在进步，家长们必须努力，并且要意识到自己可能已经落伍了。

- *鼓励孩子说话*。

你要鼓励孩子告诉你他们的朋友在做什么，看看你是否能从中收集到他们认为朋友做的是对还是错的信息。这是为了知晓他们身上的压力，同时，也是考验你作为父母是否了解如今的青少年一代。而我们是否同意他们的做法则是另外一回事。

- 回忆自己的青少年时代。

如果可以的话，回忆一下你的青少年时代，设法唤起一些藏在心中的记忆。如果你能设身处地为他们着想，事情就变得简单多了。

- 倾听自己。

我认为当你批评孩子的时候，先停下来倾听自己的心声，把自己想象成被批评的孩子，这会让你大开眼界！

- 尊重对方的观点。

这是最重要的一点。家长们很难对孩子的事置身事外，如果父母担心孩子受到伤害，那就更难放手了。然而，正如我们所看到的，两代人之间有很多不同的观点，如果双方都能尊重对方，那么这对双方都是有益的。随着青少年年龄的增长，他们会有自己的思想，会被同龄人影响。

当一个15岁的孩子被问及他会给父母什么建议时，他是这么说的：

试着更好地去理解我们。父母没有必要参与我们的生活方式，但可以问一些关于我们喜欢做什么的问题，而不是迫切地从我们那里探求信息，只要尊重我们就好。

情绪（E，Emotion）

这是我对"STAGE"框架进行描述的最后一节。在这一节，我想讨论的是情绪对父母和青少年之间关系的影响。这是一个非常重要的话题，在对青少年父母的采访中经常被提到。然而，让这些感觉进入内省往往是非常困难的。我相信，如果父母能学会管理他们在遭遇困难时的情绪，将有助于增强他们的信心。

这里，我当然会讨论一下父母的情绪，但青少年的情绪也是其中重要的一部分，不应该忽视。因为在这个阶段，许多青少年都有过情绪难以控制的经历，父母的情绪也因此受到了影响。"喜怒无常"和"情绪化"等词常被用来描述青少年的行为。

> 他们并不总能控制好自己的情绪。他们的情绪确实摇摆不定，我认为他们有时对自己表现出的一些情绪感到吃惊。你不可能在情绪产生时保持理性，它们是一种非常强烈的感觉。事实上，如果你问一个十几岁的孩子，他们怎么这么快就从一种感觉转变为完全相反的另一种感觉，我不知道他们能否解释清楚。
>
> ——两个女儿的母亲

本节将首先介绍一下青少年的情绪。此后，我将讨论父母的情绪。

当然，对青少年的爱是核心，但我也会研究诸如沮丧、愤怒、悲伤、内疚和失落等情绪。最后再探讨如何用最好的方式来管理父母和青少年之间的强烈情绪。

青春期孩子情绪波动是必然的

在前面，描述大脑发育时我提到了杏仁核，这是大脑中管理情绪、感觉和兴奋的部位。这个区域在青春期发生了很重要的变化，需要一段时间才能稳定下来。有时这可能是一种非常强大的力量，意味着青少年很难控制自己的情绪。杏仁核受体内激素水平的影响很大，有时非常不稳定，因此，青少年可能会体验到从一种情绪到另一种情绪的巨大波动。

同时我还讲到了过渡期（青春期），这是儿童向成人转变的一个特征。事实上，正如前面引用的两个女儿的母亲所说的话，情绪会出现从一个极端到另一个极端的巨大波动。我认为这不仅与青春期的大脑发育有关，也与过渡期（青春期）的不确定性有关。

因此，很多因素会影响青少年管控情绪的能力，其中三个是：

- 大脑发育；
- 激素平衡；
- 从童年到成年转变过程中的社会和情感变化。

此外，青少年也敏锐地意识到了管理情绪的艰难。许多青少年描述了他们不舒服时的感觉，以下是两个例子：

我认为很多孩子在青春期时都有些困惑，因为他们的身体和思想都发生了很多变化。我10岁时，妈妈给了我一本关于在青春期心理以及身体会有哪些变化的书。当我读到"你会经常感到沮丧，却不知道为什么""大多数人都不喜欢自己的身材"这些问题时，我想这说的都是一堆垃圾！但有一年左右的时间，我确实变得很暴躁。

——15岁的女孩

当我和某些人在一起时，我会感到压力。如果我和我自以为不如我的人在一起，我往往感到很平静，而且有点儿放不开。我对自己的言行非常谨慎，因为我不想显得很傻。当我和一个男孩在一起时，我会很紧张，不想说话，喜欢跳过回答，假装我不在那里，希望他尽快离开，尽管我真的很想和他说话。

——15岁的女孩

毫无疑问，对许多青少年来说，这可能是他们情感特别强烈的一段时期，同时也是情绪很难控制的时候。情绪波动、压力、紧张、焦虑、担忧等，都是成长过程中的一部分。当然，青少年也有这种感觉，但随着年龄的增长，他们管理情绪的能力也会逐渐增强。

还有一点很重要，那就是个体差异。很多因素对青少年如何处理他们的情感和人际关系都产生了或多或少的影响，家长认为性别问题也是其中一个重要因素。

男孩就容易多了，他们不像女孩那样把问题表现出来。女孩可能会生闷气生一个星期，不和你说话，什么也不做。而男孩，在你对他们大喊大叫的10分钟后，他们会回到你身边说："你能做个三明治吗？"这两种情况完全不同。

——一个有儿子和女儿的母亲

当然，并不是每个人都持这种观点，一些家长发现男孩比女孩更难处理。有人认为，男孩在难过时往往把自己封闭起来，而女孩至少会让每个人都知道她们的感受。当然，个体之间也有差异。一个家庭中的两个女孩在处理情感的方式上可能截然不同，一个人可能会很幼稚和依赖他人，而另一个人可能宁愿把父母推开，自己处理事情。

和一个情绪暴躁的青少年生活在一起，本身就有压力。不仅如此，人还会对他人情绪产生共鸣，比如在一段关系中，一个人比较理性，另一个人也会比较理性。然而，当一个人表达出强烈的情感时，这必然会影响到另一个人。再加上对如何更好地养育一个正在成长和发育的青少年的担忧，就不难理解为什么情绪对亲子关系如此重要了。

父母有情绪也很正常

许多父母担心自己的情绪，无论是愤怒、焦虑、羞耻还是内疚。在某种程度上，很多人认为有如此强烈的情绪是错误的。当然，父母有自己的角色，但也要意识到儿子或女儿的情绪。因为关系是双向的，双方都要了解对方。

在这部分内容，我将首先讨论一种最常见的情绪，即多种形式的怒气，它可以表现为气愤、懊恼、烦躁、压抑或纯粹的愤怒。显然不是每个人都有那些情绪，但在采访中，确实有很多父母想谈谈他们从孩子身上感受到的怒气和抱怨。多数情况下，怒气是由于冲突或不被接受的行为而导致的。家长们也谈到了因粗鲁和所谓的无礼态度造成的困扰。一两个父母甚至用了"恨"这个词，同时还要告诉孩子自己爱他们。

> 我的情绪很强烈，我经常说："我爱你，但我讨厌你的行为方式。"当然她理解错了："你恨我，你更爱我弟弟。"所以你说话一定要小心，不是吗？不管怎样，这都不会让事情有任何进展，不是吗？
> ——三个孩子的母亲

在这里，我将讨论如何管理与青少年相处中出现的情绪。值得一提的是，强烈的愤怒和沮丧情绪是非常令人心烦意乱的。但必要时退一步想想，并问问自己为什么会这样，有时与他人谈谈会有所帮助。

而这样的情绪很可能对你和孩子的关系产生破坏性的影响。你可能认为这都是青少年的错，但这种想法并不能让事情变得更简单。你可以试着与孩子保持距离，从不同的角度看问题，如你的孩子和你一样生气吗？如果是，为什么呢？不管多么艰难，从你自己的角度想想，你能做些什么来缓解这种紧张的气氛，帮助青少年克服他们自己的困惑和不安。

谈论强烈的情绪很难，不是每个人都能对自己的儿子或女儿坦承愤怒情绪。自己承认这些情绪都需要勇气，更不用说对别人了。然而，有些情绪是更难以让人面对的，现在我将讨论其中三种，即悲伤、羞愧和内疚。

当一位母亲被问及她对养育一个青少年的感受是什么时，她这样说道：

天啊，我可能会说失望。我们的关系不是很好，她很疏远我，所以我有点难过，我真的有这种感觉。但我希望有一天她会回到我身边……她需要很大的空间，至少需要半径1.5米的空间，是的，这确实让人有点难过。但我不得不承认她很聪明、很漂亮，而且在外面时表现得也很好。

——一个女孩的母亲

在孩子青春期时，几乎所有父母都体验过失落感。上面引用的例子中，这位母亲表露出了悲伤和失望的情绪，而对一些父母来说，这种失落感可能因为青少年取得的进步而又伴随着自豪或快乐的情绪。

成长不可避免地意味着远离家庭。然而，这种远离的程度取决于很多因素，尤其是性别和个性。一些青少年与父母保持亲密关系，即便他们已经逐渐获得更多的独立性；另一些可能会试图远离父母，建立新的关系，与父母保持微弱的联系。为人父母最困难的就是放手，但这又是身为青少年的父母必须承受的一部分。

有一两个父母谈到了诸如羞耻或内疚之类的情绪，一些特殊情况确实会导致父母产生这种痛苦的感觉。有些家长谈到了严重的行为问题，还有部分家长则谈到了被孩子的学习或其他特殊需要造成的情绪问题。下面这位母亲的女儿在青春期经历了一段困难的时期。

最难的是，当你遇到一个人，他有一个和你同龄的孩子，他们会问："她怎么样了？"你不得不说："我不想谈这个。"或者你只想告诉他们那些令你感到骄傲的地方："还好，她考了很多普通中等教育证书，还有A等级考试之类的证书，她很忙。"但是你不能，因为她没有做这些事情，所以你感到难以启齿。而你还会觉得，也许她长大后就不会这样了。对孩子的自豪感是我们所有父母都会有的。我们想说他们做得很好，想让他们做我们让做的事，想为他们感到骄傲，但你发现你身边的这个人并不是真的想做你让他做的事情。

——三个孩子的母亲

情绪在家庭生活中起着非常重要的作用，这一点在青少年时期尤为重要。尽管如此，家长和青少年往往很难承认他们的感受，纵然这些感受可能会妨碍他们之间的谈话或影响他们做出明智的决定。我希望你学习这些之后得出的一个重要的结论是：承认自己的情绪，并学会控制它们。这会对你怎样扮演好青少年家长的角色产生重大影响。

在我继续提出一些关于如何处理情绪的建议之前，首先强调一点，在这个关于情绪和感受的讨论中，我还没有提到"爱"。关于父母对孩子的爱的著作，已经有很多了，如苏·格哈特（Sue Gerhardt）的《为什么爱很重要》(*why love matters*)，尽管她关注的是孩子的早期阶段，而不是青春期，但也是一本很好的书。我认为，当我们面对小孩子时，谈论爱很容易，而面对青少年时，谈论爱就变得困难多了。

青少年和小孩子一样需要爱，但是他们需要的爱要用不同的方式来表达。采访中，许多父母谈到了他们是如何理解那些适用于青少年的爱的。这里举两个例子。

他们需要持之以恒的支持。我认为他们需要你永远在他们身边，就像一块磐石，这样才能在他们离开又回来时，你还在那里。

——两个孩子的妈妈

我认为，尽管他们没有意识到，但他们在青少年时期需要很多爱。这是一种背后支持并给予帮助的爱，而不是要我们事事亲力亲为。

——四个孩子的妈妈

很多方式可以表达你对十几岁儿子或女儿的爱，这些方式如何在家庭中起作用，一方面取决于你向孩子们表达爱的方式，另一方面取决于青少年对父母表达的爱的反应。每个青少年都会有些许不同的需求，父母对此保持敏感是很重要的。

爱和情感可以通过关心，通过真诚地关注他们的兴趣，通过压力状态下的关怀展现出来。最重要的一点是你要意识到，你的女儿或儿子在青少年时期需要的爱和他们在童年时期需要的一样多。

来自其他父母的有用建议

在这里，我将引用一些家长在访谈中给出的建议。

- "这是最难的部分，我想离开，冷静一会儿。"

这位母亲参加了一个家长组织，因为她和儿子吵得不可开交。她回忆自己是如何逐渐学会退让，做深呼吸，然后冷静下来的。如果她能在和儿子进行更多讨论之前这样做，就能避免进一步的争论。然而，她也说这是一件很难的事，这虽然需要练习，但可以做到。学会深呼吸，并在短时间内退让，会让一切变得不同。

- "幽默感，回忆起我在那个年龄段的感受。"

这位母亲谈到了幽默的重要作用，但她也谈到了自己十几岁时所承受的压力。她告诉采访者，对她来说，这有助于她正确看待事情："如果今天事情没有进展，还有明天，这不是世界末日。"这也是为了能够从青少年的角度看到世界的样子。他们经历了什么情绪？他们是生气了、心烦意乱了，还是压力太大了？试着站在别人的立场上思考会有很大的帮助。

- "我认为，你和别人谈得越多，就越能意识到青少年们都是这么做的。"

这都是分享经验得到的结果，要知道其他父母也在经历和你一样的事情。你很容易陷入一种心态，觉得你的青少年在做一些令你生气的事情，与愤怒的青少年打交道的经历会让你感到无助和孤独，如果你能找到与他人交谈的方式，并发现你并不孤独，那么你就更容易正确地看待自己的感受。

- "作为父母，你必须始终如一，明白在什么地方需要介入、什么地方需要停止。"

这位家长谈论的是父母双方在养育中的合作。不管父母是住在一起还是分开住，如果双方保持某种一致性，双方都能扮演稍微不同的角色，处理不同的情绪时就会容易得多。父母可以一个人说，一个人站在背后支持。这象征着父母之间的良好合作，当事情变得棘手时，一方会支持另一方。这种合作并不总是会实现，因为父母可能对如何对待孩子有不同的观点。尽管如此，父母之间的合作和尊重可以使家庭中强烈情绪的调控变得容易很多。

如何利用 STAGE 框架帮孩子度过青春期

我最近有一次印象深刻的经历。我给一群专业人士做了一次关于年轻人健康的讲座，之后有一小部分人来找我。他们用一种很不好意思的语气说："我希望你不介意我们问这个问题，但有谁知道如何成为一名青少年的好家长吗？"他们说，每个人都知道如何做好婴幼儿的父母，但做好青少年的父母似乎是一个谜。

这引起了热烈的讨论。在我写这本书的时候，这些专业人士提出的问题一直萦绕在我的脑海中。我相信关于有效养育孩子，我们知道的已经够多了，尽管不是所有问题都有答案。我们对青少年的需求很了解，也有研究揭示了某些养育方式能带来更好的结果。我已经在书中阐述了很多这方面的知识。

我提出了 STAGE 的概念，因为我相信它可以提供一个可依赖的结构或框架。这一框架是基于过去几年进行的备受好评的研究，STAGE 指出了养育孩子的五个关键，这不是养育孩子的唯一要素，而是关乎亲子关系核心的五个要素。

稍后，我将总结这五个要素，并向您展示如何利用它们。首先，简单介绍一下最近将青少年时期描述为一个阶段的原因：

- 过渡时期

青少年时期是从童年到成年的过渡时期，青少年行为中许多令人困惑的事情可以通过过渡概念得到解释。在过渡时期，个体既不是这样，也不是那样，这是一种悬而未决的状态。

- 展望未来，回顾过去

在青少年时期，人们对未来充满期待，但有时也希望回到童年时期那种确定性和安全性里。

- 每个青少年有时是儿童有时是成人

每个青少年的内心都住着一个孩子和一个成年人。有时，年轻人是成熟和独立的，另外一些时候，他们又变成了高需求的宝宝。

- 各个方面的重大变化

在青少年时期，个人经历的变化比出生后前3年的任何时期都要大得多。大脑主要功能日益成熟，带来身心各方面的变化和动荡，包括身体、智力和情感方面。青少年和成年人都应该认识到这一影响。

- 大量的学习是必要的

由于逐步过渡到一种新的状态，各种变化都在发生，年轻人有许多东西要学。没有人第一次就能把事情做好，父母可以在孩子的这个学习过程中提供大量的帮助。

- 改变不会在一夜之间发生

青少年时期是一个非常漫长的阶段，很多变化是缓慢的、隐形的，有时你会觉得好像什么变化都没有发生。理解这种渐进的变化将有助于你理解整个青春期。

- 青少年行为是成长的一部分

青少年的种种行为的目的不是为了接近你、伤害你或者把你推开，部分是由于大脑的变化，部分是为了应对其逐渐迈向成熟的压力和需求。这个阶段是通往成年的道路。

再来看看STAGE框架的五个要素。我将轮流讨论每一个要素，并总结你可以如何利用这些想法促进你与青少年的关系。

重要性

首先，S（Significance）代表父母的重要性。这里的关键信息是：你很重要。尽管你的孩子可能会传达出与此相反的信息，但如果没有你的支持和关心，青少年就会迷失方向。就像我们其他人一样，青少年同样需要爱。他们需要被重视，他们需要知道自己对父母而言很重要。

而这一重要性的概念可以提升你的自信，以及你作为父母的自尊。你很重要，你现在的角色和你在孩子3岁时一样重要。

- 如果你感觉情绪低落,觉得自己做得不够好,记住,你的孩子需要你。

- 如果你的孩子在没有你的情况下表现得很好,对你没有要求太多,不要被孩子骗了,你的孩子需要你。

- 如果你的孩子把你推开,跟你说你不理解他,不要让它影响你,继续在那儿,你的孩子需要你。

- 父母之所以重要,是因为你们在家中营造的氛围。对孩子来说,你对他的关心、兴趣和关注就像食物和住所一样重要。

双向沟通

T(Two-way communication)在STAGE里代表双向沟通。我之前强调过沟通包括诉说和倾听,两者是相辅相成的,我还强调了关系的双向性。青少年的行为会影响你,但反过来也一样,你的行为方式也会影响青少年。事实上,我刚才所说的父母的重要性正好说明了这一点。

你会希望能够和孩子好好交流,使用双向沟通的理念将帮助你做到这一点。

- 你和孩子之间的交流不是你说话,或者你问问题,或者像一位家长所说的"得到一个结果"。

- 与青少年对话并不总是那么容易,这和朋友聊天不太一样。你要乐于退一步,跟着青少年的暗示走。

- 青少年会想要谈话的,但首先必须有安全感。这意味着你要避免审问青少年，要尊重他们的观点。

- 记住，时机很重要。不要指望你的孩子在你合适的时候找你说话。
- 分享有助于沟通。有时谈谈你自己是个不错的主意，但不要谈论亲密的事情，这会让青少年感到尴尬。分享你自己的经历，或者谈谈你一天中发生的事情，都可以轻松开启一段对话。
- 一起活动也有助于沟通。当你和青少年一起做事的时候，往往更容易开启对话。比如，可以一起准备食物，一起做些家务活，或者一起享受你们之间共同的爱好。这样可以减轻压力，让你们以更放松的状态聊天。
- 在交流中青少年扮演了和你同样重要的角色。要有耐心，愿意让青少年以他们自己的方式来接近你。明确表示你想听孩子说话，这是确保孩子愿意开口最可靠的方法。

权威

A（Authority）指的是权威。在亲子关系中，你行使权威的方式是一切的中心。你可以用很多不同的方式来行使你的权力，可以或多或少地满足孩子的需要，或高或低地提出期望，以及或多或少地设定界限和限制。正如我之前提到的，为青少年提供最佳环境的养育方式被称为权威式教养，父母一方面是爱和关心孩子的，另一方面，在给孩子设定合适的界限方面则是坚定的。在可能的情况下，父母促进孩子的自主性发展，并对其提出明确的目标和期望。

你和伴侣要尽可能接近权威式教养，这对你和孩子都有帮助。

- 不要试图控制青少年生活的方方面面,而是去关注极少数重要的事情、真正重要的事情。如果你正在因为卧室的不整洁而和孩子吵架,问问你自己,与青少年的安全或在学校的适应性方面相比,这有多重要?

- 如果你设有规则,要确保规则可以解释,使规则对青少年来说有意义。在可能的情况下,你应与孩子协商规则,保证每个人事先都同意。

- 如果你觉得你必须惩罚孩子,那就努力确保惩罚是合理的。避免任何看起来苛刻或不公平的事,要始终如一,惩罚的理由要明确。

- 你行使权力的方式会受到你和伴侣合作方式的影响。当父母双方都参与其中时,最好将此描述为共同养育。你们可能不总是步调一致,但最好限制你们在孩子面前意见相左的次数。你和伴侣要互相支持、互相尊重,你们做得越好,青少年就会感到越安全。

- 有挑战。如果你有很好的理由设置限制,那就坚定地去做。青少年可能会小题大做,上演一出好戏,说你毁了他们的生活,但只要有可能,你就应该保持坚定。在你之前许多父母的经验是,一旦事态平静下来,青少年会认识到你的坚定是必要的。

代沟

G(Generation gap)代表了代沟这个概念。我的意思是,你可能会根据你自己的经历来判断青少年,而不是根据当今这代人的情况。代沟的概念对你是有帮助的,因为它提供了一个你与青少年真正对话的机会，以谈谈今天的成长是什么样的。现在青少年的情况与30～40年前大不相同，这已经不是什么秘密了。考虑到这一点，你和孩子之间的交流会容易得多。

- 如果你对孩子的行为做出评判，问问自己这些评判是基于什么，你是否被自己成长过程中的经历所引导？如果是这样，再想想。
- 如果有人与你自己的价值观相冲突，要尊重别人的观点并不总是那么容易。这就是父母和青少年并不总能意见一致的原因之一，尤其是在性行为等问题上。
- 分歧不是灾难。即使你们对事情的看法不同，你们仍然可以保持良好的关系。你越能接受另一种观点，你和孩子的关系就会越好。

情绪

最后是 E（Emotion），代表情绪。在与青少年的关系中你会体验到许多情绪，你可能会感到生气、伤心、被拒绝、心烦或担心，等等。所有这些情绪都是作为青少年父母的一部分。

同样重要的是，要认识到青少年也将经历一系列的情绪，其中许多情绪是崭新的或令人困惑的。在青少年时期，年轻人往往很难管理或控制自己的情绪。这自然会对父母产生影响，所以有时你和孩子都会在情绪的泥潭中挣扎。

我想强调的是，认识自己的情绪，你会更好地管理它们。你越能承认自己的感受，并正确看待它们，你就越容易与孩子建立一种温暖的关系。

- 如果你和孩子吵架，你感到生气和沮丧，学会退后一步，在你们都冷静下来之前先走开。
- 当出现情绪波动的时候，记住尽可能多地使用"我"进行陈述，说"我对所发生的事感到不安"比说"这都是你的错，你应该受到责备"要好得多。你越是谴责或责备青少年，他们就越难和你敞开心扉交流。
- 有时候，你会觉得孩子在找你的茬，故意把事情搞得很复杂。但实际上年轻人更有可能是在与自己的挫折感或愤怒作斗争。因此，很多父母都在说：记住，他们并没有故意针对你。
- 当你处理强烈的情绪时，你的伴侣就扮演了非常重要的角色。正是在这种情况下，父母成了一对搭档。如果父母双方，即使是分开了，也能一起合作，那么孩子强烈的情绪就更有可能被正确看待。

总之，作为青少年的父母，做到以下几点，可帮助孩子平稳度过青春期：

- 寻找积极的一面

想办法让孩子快乐，重视他们的技能和能力。

- 赞美胜于批评

试着核查一下你对孩子的批评程度。

- **不要害怕设定限制**

青少年的生活需要结构。

- **明确你的期望**

如果你不陈述你的期望,青少年怎么知道他们是否做对了呢?你的期望是他们是否表现良好的判断标准。

- **青少年需要双亲**

你们可能扮演不同的角色,但母亲和父亲都很关键。

- **不要放弃**

如果你正在面对孩子的挑战性行为,那就坚持下去,不管那看起来有多困难。事情会发生改变。敞开大门,直到青少年能回到你身边。

- **最后,保持沟通渠道畅通**

写这本书是为了让你能够继续和你的孩子交谈。用好STAGE框架,如果你这样做了,我希望你不必再问:"为什么我的孩子不和我说话?"

WHY WON'T MY TEENAGER TALK TO ME?

为什么我的青春期孩子不和我说话?

第三章
如何应对孩子青春期的健康问题

关于健康的话题本书前面已经有所讨论了，其中第一章讨论了关于青少年健康的一些观点，包括成长和成熟、激素的作用、情绪调节，以及其他健康和发育方面的主题。

在这一章，我想谈谈与健康相关的其他几个主题（锻炼、饮食、睡眠、心理健康、吸烟、吸毒和饮酒），它们在青少年时期都扮演了非常重要的角色。我还想展示一下STAGE框架如何帮助我们理解健康问题。

STAGE框架给父母和照顾者提供了许多处理健康问题的有效方法，这里举几个简单的例子。首先，S代表"重要性"（Significance），所有的证据都表明，成年人的行为会在很大程度上影响身边青少年的健康。成年人如何对待酒精或毒品、他们的饮食习惯，或他们对锻炼身体的态度都会影响青少年的行为方式。成年人是榜样，同时，他们也可以在处理健康问题的关键时刻为孩子提供支持和指导。父母和照顾者对青少年健康的重要性并不亚于他们对青少年生活其他方面的重要性。

其次，双向沟通也很重要。如果交流是单向的，成年人仅仅是在指导青少年，那么支持和引导青少年的机会将会大大减少。如果交流是双向的，青少年就有更多的机会听到成年人在说什么，变得愿意接受支持。最后，"情绪"（Emotion）也参与其中，健康问题会产生强烈而错综复杂的情绪。在父母和青少年持续发展的关系中，饮食、睡眠或性都会成为双方交战的战场。而父母如何管理这些情绪将影响青少年学习控制自己和自己的健康行为。这些仅仅是STAGE框架帮助我们理解青少年及其健康的几个例子。

运动与锻炼

为什么孩子越大越不爱运动

首先要说的是，众所周知，运动是一件好事。健康的运动让人受益无穷，包括强化心血管系统、促进骨骼和肌肉生长、调节体重、对抗抑郁以及促进社交（对于大多数运动来说）。近年来，人们更担心的是，与过去相比，现在的年轻人运动得更少了。青少年步行或骑自行车上学的可能性更小了，参加户外活动也受到了更多的限制。

此外，还有两种趋势也加剧了人们对青少年运动不足的焦虑：第一种是驾车出行增多，第二种是看电视、玩电子游戏或上网等看屏幕时间越来越长。有趣的是，研究表明，青少年的运动水平在过去20年里并没有显著下降，而是大体保持相当。在21世纪的头几年里，他们花在运动上的时间甚至还略有增加。

虽然青少年的运动水平总体上没有下降，但青春期后肯定会迎来巨变。家长们都知道，青少年的运动量会随着年龄的增长而减少。对女孩来说这种趋势显而易见，其实对许多男孩来说也是如此。从11～16

岁的几年间，参加体育锻炼的青少年人数，男孩减少了10%，女孩减少了25%。

为什么会这样呢？对于运动的减少，青少年给出了大量解释，其中包括：

- 运动没有让自己变得更好——没有进步，也没有取得成绩；
- 利益冲突——其他的活动更有趣；
- 来自成年人的高压力——尤其是来自教练或体育老师的；
- 缺少时间——学业和社交活动优先；
- 无聊——对活动本身缺乏兴趣。

此外，还有两个对一些女孩可能有特殊重要性的原因：

- 运动的社交背景——有对女孩运动的消极同辈压力；
- 运动的生理特性——女孩不想满身臭汗，不想进出更衣室，不想被认为和某种体育活动相关。

所有这些理由都完全合理，这说明运动和锻炼与青少年的其他问题相辅相成，包括希望被同龄人接纳、希望参加让自己有机会取得进步或成绩的活动，以及青少年的生活总体上相当繁忙。当然，这个主题有重要的性别差异，尽管女性运动员的境况如今有所提高，但体育运动在很大程度上仍是一项男性活动。对于十几岁的男孩来说，参加体育运动会带来很多优势,而对女孩来说却收效甚微。此外,青春期的身体发育,也会对运动有所影响。对许多女孩来说,乳房发育和月经似乎妨碍了她们参与运动,而对男孩来说,他们的身体变得更适合体育活动。此外,擅长运动的男孩在同龄人中更受欢迎,而女孩则恰恰相反。

幸运的是,在过去几年中,公众对女性参加体育运动的态度发生了显而易见的变化。主流媒体对女子比赛给予了更多的关注,有更多的证据表明,女孩也开始参加足球和橄榄球等运动,这些运动几年前还被认为是男性的专属。人们希望这种态度的转变可以鼓励年轻女孩把体育视为一件重要的事,就像运动对年轻男孩很重要一样。

鼓励孩子坚持运动的五大回报

参与体育运动可以给青少年带来诸多回报,其中包括:

- 技能——获得成就感或能力;
- 社交——某个社会团体的归属感;
- 健身——改善个人的身体形象、力量和耐力;
- 竞争——在某个特定领域获得佳绩;
- 乐趣——玩得开心、充满活力的感觉、快乐和幸福。

总的来说,父母要考虑的是可以做些什么来鼓励青少年多参与体育活动。首先,上面提到的所有要点都可以作为理由,用来鼓励青少年参加锻炼或运动。和许多事情一样，开启讨论这个话题非常重要，家庭中对运动和锻炼谈论得越多，青少年就会更多地了解运动和健康之间的关系。其次，规律锻炼并不意味着必须参加运动队，明白这一点显然十分重要。骑车、滑冰、跑步和游泳等活动都可以根据个人的安排进行，不用面对学校体育活动的要求和其中包含的社交压力。最后，正如我在讨论STAGE框架时所提到的，父母是榜样，青少年的运动量也会受到父母行为的影响。

如果家长愿意以身作则锻炼身体，可能比任何建议都更有效果。而如果父母可以组织一些活动和孩子一起锻炼，就可以让锻炼成为一个重要的家庭共享活动，那简直太棒了。此时此刻，身教远胜于言传。

饮食与营养

为什么青春期孩子饮食容易出问题

饮食和营养与青少年健康显著相关。

首先，青春期带来了青少年体型上的重大变化，应对这些变化并不那么容易。我们吃的食物会影响我们的体型，青少年可以将食量作为控制身体发育的一种方式。如果他们想要更瘦，他们也许会减少食物摄入量，而如果他们想要更强壮，则可能会增加食物摄入量。

第二，关于媒体以及大众对"完美身材"的推崇。许多青少年对自己的外表极为在意，希望自己在同龄人中受欢迎。因此，人们认为媒体呈现的图片给青少年施加了压力，女孩追求更苗条，而男孩则追求肌肉感。这反过来又影响了青少年的饮食方式，导致了节食或暴饮暴食的发生。

第三，青少年可能更喜欢某些特定的食物，比如比萨，而成年人吃比萨少得多，这可能是青少年建立身份认同的一种方式。通过这种方式，青少年的食物偏好成了一种"生活方式选择"，这让他们看起来与众不同。然而，这也会对其营养状况产生影响，结果可能是积极的，比如他们选择了较健康的饮食，也可能是消极的，比如他们更喜欢吃快餐。相比成年人，青少年消费了更多的炸薯片、汉堡、比萨和碳酸饮料，这些食品对体重和健康会产生长期影响，这也引发了人们的担忧。众所周知，快餐中高水平的糖和脂肪对健康有害。

需要重点强调的是，最近几年，肥胖率不仅仅在青少年群体中有所上升，而是在所有年龄组中都有所增加，这里有许多可能的原因。最可能的原因是，经济增长使得各种食品的获取变得更加容易，不可避免地导致人们吃得更多，尤其是在西方国家。而其他可能导致肥胖的原因包括遗传因素、缺乏锻炼、高脂肪或高糖食物摄入量的增加。

现在让我们来看硬币的另一面，即通过节食或减肥来限制食物的摄入也是青少年中常见的一种行为。一些研究表明，多达40%甚至50%的14～16岁少女正在节食或试图限制自己的饮食。为什么会这样呢？

首先，许多成年女性也在节食。因此，导致青少年节食的一个可能原因是，他们只是在简单模仿他们身边的榜样，当然也包括媒体中的人物形象。其次，与青春期早期发生的生理变化有关，这些变化令人困扰，也与理想的体型相去甚远，所以青少年可能会经历一段对自己的身体担心和不满意的时期。这种对身体的不满意在青春期少女中太常见了，随之而来的就是少吃一些，希望自己更苗条些。

何时需要寻求专业帮助

当然，节食和进食障碍有很大不同。最常见的两种进食障碍是神经性厌食和神经性贪食。神经性厌食的特征包括显著的体重下降，对变胖的病态恐惧、对体型的偏执看法，闭经。相对而言，神经性贪食的特征则包括暴饮暴食和缺乏对饮食行为的控制。

对于父母而言，最重要的问题是："怎样才能区分节食和神经性厌食？什么时候我该开始担心？"

这些问题没有简单的答案。如果你感到担忧，最好咨询全科医生或其他健康专家。记住一点，就进食障碍而言，重要的不仅仅是减肥。父母通常关注的是孩子的体重及体重减轻的程度，但身体和心理的其他症状在疾病中是极为重要的。

就体重而言，每个人都有所不同，其中一个量表可以告诉我们一个人正常的体重范围，这个量表就是身体质量指数（Body Mass Index，BMI）[也叫体质指数，其计算公式是：BMI＝体重/身高的平方（单位：kg/m^2），在我国，BMI＜18.5为偏瘦，在18.5～23.9之间为正常，

≥ 24 则为超重。——译者注]。参考这些数据，我们就可以看到青少年与身高相似的同龄人之间的差距。严重的体重下降通常是进食障碍的明显指征。

进食障碍的其他征兆还有：

- 饮食模式的改变或持续的不寻常的饮食模式；
- 对食物越来越关注；
- 闭经，或月经初潮未至；
- 对饮食保密；
- 对体重增加的病态恐惧；
- 对体型的偏执看法（体象扭曲）；
- 持续的自我批评；
- 社交退缩。

需要强调的是，这些征兆只能被看作一般性的征兆。如果父母担心孩子存在进食障碍，一定要咨询健康专家。那么，父母究竟如何区分进食障碍和节食？以下两点需铭记在心。第一，大多数节食的人只能减掉少量体重，所以一旦孩子体重下降得很明显，就必须重视起来。第二，大多数节食的人对此事并不会遮遮掩掩，不存在扭曲的体象，而且对食物的看法也没有发生翻天覆地的变化。如果父母担心孩子的饮食行为，记住这两点应该会对他们有所帮助。

睡眠

为什么青春期孩子睡得晚、起不早

对于许多家庭来说,晚上督促青少年上床睡觉会引起不小的摩擦。人们通常认为,当青少年说自己睡不着觉的时候,他们就会变得难以相处。父母会认为,青少年熬夜是因为他们想继续上网或与朋友打电话,或想利用晚上时间做一些不想让父母知道的事。而另一个极端是,我们所有人对青少年都有一种印象,那就是他们往往在周末一觉睡到中午。

近年来有关青少年睡眠的研究表明,随着青春期发育的启动,大脑中控制睡眠模式的系统发生了变化。其中让我们感觉困倦的机制被延迟了,而这种机制在一定程度上是由褪黑素控制的,这导致许多青少年需要更长的时间才会感到昏昏欲睡。在青春期早期,褪黑素的释放大约会延迟2个小时,因此科学家把青少年称为"猫头鹰"而不是早起的"云雀"。晚睡一度被认为是青少年的逆反行为,现在看来有其生物学基础。

这项研究给了我们很多启示。首先,很清楚的一点是,青少年需要良好的夜间睡眠。健康专家建议,大多数11～17岁的青少年,需要睡足9小时。

在实验中,当青少年想睡多久就睡多久时,他们的平均睡眠时间达到了9.5小时。然而,如果他们需要花费很长时间才能入睡,而在工作日早上7点就必须醒来，就会导致睡眠不足。这就是为什么青少年周末起得晚的原因之一，因为他们正在弥补所需的睡眠时间。

美国和英国的一些学校正在考虑推迟上课时间，保证学生们有足够的睡眠时间。我们所得到的一点证据表明，这些学校学生的学业成绩有所提高。然而，这种模式并不受家长和老师的欢迎，因为它对大人们的日程和工作模式干扰太大了。

如何帮助孩子

最近的研究也强调睡眠对学习和休息都很重要。睡眠被认为是记忆巩固的时间。换句话说，白天发生的所有学习都会在睡眠期间被重新组织、归类，并形成长期记忆。因此，严重的睡眠不足不仅会影响人的情绪和行为，还会影响学习。青少年需要充足和规律的睡眠，这一点再怎么强调都不为过。我们知道，夜间睡眠长期小于6小时对青少年来说十分不利，因此，父母在帮助青少年养成健康的睡眠模式上大有可为，建议如下：

- 和孩子讨论睡眠问题，强调睡眠对健康的重要性；
- 帮助孩子设定夜间常规活动；
- 坚持把手机放在卧室外，调暗灯光，特定时间后不再使用互联网；
- 如果孩子夜间不能入睡，和他一起努力尝试可能有助于入睡的方法，如喝一杯热饮，或者听舒缓的音乐等；
- 不要批评孩子周末睡懒觉。

心理

如何区分心理问题与正常青春期反应

青少年心理健康是一个复杂的话题。在这短短的一节里我们只能对这个主题的主要概况进行探讨。心理健康问题范围很广，包括精神分裂症、焦虑状态、强迫症、自闭症和阿斯伯格综合征，以及自杀和自残。要想充分了解这些内容，读者有必要参考更专业的资源。如果父母担心孩子，一定要寻求专业的建议。这里我会根据父母们常见的一些担忧，列出父母可以做什么来帮助和支持正处于压力时期的青少年。

首先要探讨的是心理健康问题的定义，这个术语到底是什么意思？前面我已经提到了节食和进食障碍之间的区别，这是我们思考这类问题的重要参考。我们定义进食障碍的标准如下：

- 行为上的显著变化；
- 身体上的显著变化，如体重严重减轻；
- 以前不曾出现过的异常情绪状态，如心不在焉、恐惧或焦虑。

重要的是，我们必须考虑整体情况，而不是任何一个单独的迹象或症状。说一个人有精神健康问题时，必须将其作为一个整体来考量。

大家普遍接受的定义是，心理健康问题是一组临床可识别的症状或行为，会给人带来痛苦或干扰个人的社会功能，且时间至少持续两周。心理健康问题的定义与许多家长提出的问题密切相关："我怎么知道这是正常的青春期表现，还是更严重的问题？"这里提醒家长们注意以下四点：

- 问题持续的时间长度；
- 症状的严重程度；
- 这个问题在多大程度上干扰了青少年的生活；
- 这个问题对家庭的影响程度。

一般来说，如果问题已经持续了一段时间（超过2周），症状严重，并干扰青少年的社会功能，家庭功能也受到了影响，那么就有必要寻求专业帮助。

对抑郁症的讨论可能有助于阐明其中的一些观点。许多年轻人都有感到悲伤或痛苦的时刻，正如我所提到的，情绪波动在青少年中很常见，但这并不代表着青少年患有抑郁症，只有极少数人会患上这种病。研究表明，大约10%的青少年在某段时间会符合临床上抑郁症的诊断，而20%～30%的青少年曾经出现过情绪低落。

抑郁症有各种不同的症状，从悲伤、痛苦、绝望，到睡眠模式紊乱、食欲不佳、自残、自杀意念和行为，显然后面的症状比前面的更严重。

如果将这一信息用到前面的讨论中,我们会发现如果要说某人患有严重抑郁症,至少需要明确以下几点:

- 个体在一段时间内一直感到悲伤或绝望;
- 个体症状严重,并且难以控制或调整;
- 个体的日常社会功能(如吃饭、睡觉或者去学校)已经受到影响;
- 个人行为发生了变化,从愿意社交到变得孤立。

孩子出现心理问题怎么办

如果孩子有心理健康问题,父母可以做些什么来提供支持?首先也是最重要的一点,父母要掌握充分的信息。关于精神疾病,公众的理解水平普遍较低,尽管如此,在互联网上还是可以找到各种各样能提供高质量信息的资源。父母知道得越多,就越容易提供正确的支持,如果对此缺乏了解则会带来因为心理健康问题造成的羞耻感。

如果人们对精神疾病感到羞耻,就意味着他们不愿意谈论它,也不愿意寻求帮助。还有人害怕精神疾病与发疯密切相关,让人变得更加焦虑,并且在与他人分享自己的担忧时变得警惕。如果父母能尽其所能消除对心理健康问题的任何污名,将大有裨益,父母应该确保学校和其他机构能公平地对待孩子。

最后，所有已经提及的关于有效养育青少年的策略都适用于那些有心理健康问题的孩子，而父母可以提供的支持包括：

- 识别问题，而不是否认问题；
- 在能力范围内寻求最好的专业帮助；
- 寻找积极因素，提升孩子的自尊；
- 站在孩子的角度解决问题，而不要把成年人的解决方式强加给他们。

烟草、毒品和酒精

这一节，我们来讨论吸烟、吸食毒品和滥用酒精带来的影响，这些影响在青少年的生活中扮演着重要的角色。

首先谈谈吸烟问题。令人鼓舞的是，在过去20年里，年轻人使用烟草的比例一直在稳步降低，这种状况和成年人的发展趋势一致，看起来都受到了政府政策和定价策略的影响。最近的研究表明，15岁的青少年里大约1/5的人曾经吸过烟，女孩吸烟比例高于男孩。至于吸烟的原因，如果父母或兄弟姐妹吸烟，那么这个家庭中青少年的吸烟率更高，焦虑和低自尊也会导致青少年吸烟。目前还不清楚为什么女孩吸烟比例比男孩更高，也许年轻女孩认为吸烟有助于节食和体重控制。有趣的是，这种性别差异在16岁之后就消失了，16～19岁的年轻人吸烟率和成年人并无差异。

再来谈谈毒品，没有什么比毒品更让父母担心了。我们将聚焦于事实进行讨论，帮助家长正确看待这个问题。

在撰写本书时，英国政府对非法毒品的分类如下：

- A类——可卡因、海洛因和摇头丸
- B类——大麻和安非他明
- C类——镇静剂和类固醇

正如我们所见，这种分类表明了每种毒品的危险程度。自20世纪90年代以来，新的大麻种类已经出现了，这些类型的大麻含有更高水平的活性成分，因此也更危险。

现在我们知道，经常吸食大麻（每周三次或更多）会导致严重的心理健康问题。如果父母担心这个问题，他们能做什么呢？首先要做的是确认孩子在什么情况下使用了什么毒品。如果青少年只是极为偶然地在聚会或特殊场合吸食大麻之类的毒品，那么对于父母来说最重要的是不要过度反应。这时应该和青少年进行一次公开的讨论，以确保青少年了解有关大麻的全部事实，并知道如何保护自己的安全。但是，如果性质更为严重的话，则必须采取不同的办法。严重的吸毒与其他精神健康问题是一样的，需要寻求外界的帮助。父母应该寻求专业帮助，并尽一切努力支持孩子中断这个恶习。

那么，家长如何识别孩子是否有吸毒的习惯？识别下列迹象可能是有帮助的：

- 明显的行为改变；
- 生理性的改变，如食欲差、体重下降、睡眠困难，或外表改变；
- 行为遮遮掩掩；
- 同伴关系发生改变，或持续的严重社交孤立；
- 对曾经意义重大的活动失去兴趣。

最后要讨论的是酒精滥用。到了16岁，很多青少年都尝试过饮酒了，而且许多青少年还曾出现过过量饮酒。的确，现在买酒容易多了，在超市和街头小店都能买到酒。研究表明，与过去相比，现在的饮酒者可能会摄入更多的酒精。青少年为什么饮酒？可能的原因如下：

- 感觉自己长大了；
- 感到快乐；
- 想要在社交场合变得放松；
- 逆反；
- 社会压力；
- 鼓起勇气接近自己喜欢的人。

青少年饮酒可能是多种原因综合而致，其中一些与成人饮酒的原因非常相似。这就引出了一个重要的观点，在很多情况下，青少年只是在做着和成年人同样的事。对于成年人来说，绝对要避免言不由衷，酗酒的成年人在给青少年讲酒精的危害之前应该三思！当然，父母一定会担心孩子的安全，毫无疑问，饮酒是一个值得担心的问题，尤其是在聚会上。父母能做的包括：确保孩子正确了解安全饮酒问题，告诉孩子每种酒水中的酒精含量，以及让自己成为安全饮酒的榜样。

尽管如此，父母做得再多，事实上几乎所有的青少年都会在某个时刻喝醉。在某种程度上，这是一种"成人仪式"，是成长过程的一部分。因此，最为重要的是，父母不能把他们的头埋在沙子里，假装不知道这些。大多数青少年会和他们的朋友一起喝酒，因此，想办法让孩子们了解安全饮酒是非常重要的。

那么，如何让社交场合下的饮酒尽可能变得安全？我的建议如下：

- 饮用啤酒或酒精含量较低的葡萄酒，而不是烈酒或鸡尾酒；
- 慢慢喝，一杯酒尽量多喝一会儿；
- 注意酒里有什么，并留意是否还添加了别的东西；
- 戒掉你不喜欢的酒；
- 自己付酒钱；
- 绝对不要空腹饮酒；
- 当你独自一人时，绝对不要喝太多；
- 如果某个人一直在喝酒，不要搭他的车；
- 一定要确保你有足够的钱打车回家；
- 如果你正在服用药物，不要饮酒。

在这一章中,我选择了几个与青少年健康相关的重要主题进行了探讨。大多数青少年是健康的,但也有少数患有糖尿病、哮喘或其他类型的慢性疾病,这些青少年需要进行持续的治疗。

我们对大多数的健康问题司空见惯,但并不意味着我们可以忽视它们。当青少年担心自己的健康时,父母掌握的信息越多,就越能提供安慰和建议。

WHY WON'T MY TEENAGER TALK TO ME?

为什么我的青春期孩子不和我说话?

第四章
如何处理性和性别相关问题

在采访一个15岁的女孩时，她告诉我们："我父母不想和我谈别的，他们总是问我，你是不是已经干了那件事？他们也许满脑子都是性，但我并不是！"

对青春期少女来说，意外怀孕、性传播疾病，或者是迫于压力在还没有准备好时就发生性行为，这些都是令家长们担心的现实问题。但另一方面，作为父母，很明显你不希望给孩子留下"满脑子都是性"的印象。

对于青少年的父母来说，性一直是个棘手的话题。在过去的几十年里，社会变化巨大，性行为面临着相当多的新挑战。

在本章中，我们首先来讨论STAGE框架以及该框架与性和性别的关系，另外还将讨论：

- 性别认同；
- 早期性关系；
- 网络恋情；
- 避孕；
- 同性恋和双性恋。

最后，为了消除父母和青少年的恐惧和焦虑，我还会提出一些建议。

这里我想重点讨论该框架中的两个特征，它们是G和E，首先来说说G代表的代沟（Generation）。我首先要强调，性行为已经产生了代际变化。自20世纪90年代以来，青少年女性的怀孕率急剧下降，从1990年到2016年，英格兰和威尔士15～17岁少女的怀孕率下降了60%，15岁以下的青少年怀孕率变化更为显著。1990年，在英格兰和威尔士，这一年龄段的孕妇有8500例，而2016年这个数字是2000例，这是个非常惊人的数据。带来这种变化的可能性有很多，但最可能的就是青少年的性行为减少了。这种趋势不仅限于英国，在整个西欧和北美都是如此。

除了性行为水平似乎正在发生改变之外，数字世界创造的机遇不仅改变了人们的性行为，也改变了其性价值观和性态度。性行为的开始、探索、协商和体验方式都不一样了，这种方式对于20世纪90年代之前成长起来的成年人来说是全新的。父母和照顾者认为恰当的和健康的性行为，在年轻人的眼里却截然不同，但父母们经常忘记这一点。在性行为方面，代沟尤其明显，影响也更大。

情绪（E）也是青少年性行为中的重要因素。性总是能在关注和担忧此事的成年人中激起强烈的情绪反应。然而在今天，可能是因为上述的代沟问题，成年人又多了一些不同的感受，性行为对他们来说似乎更加令人困惑，这也导致了更多的焦虑。网络世界中的性行为可能会让父母感到更加被拒之门外，无所适从，不知道该如何回应，如何扮演支持者的角色。不过，正如我在本书里说过的，父母对自己的情绪越了解，就越能更好地管理自己的情绪。

有关性的焦虑和恐惧

青春期孩子的

- 我的身体不正常。

首先,每个人都是不同的,就身体而言,没有正常一说。每个人的发展速度都不一样,没有任何两个人是一样的。第二,我们在青春期发育的方式与我们成年后的情况无关,无论在青春期发育是快还是慢,几年后都不会有人记得。在青少年时期,与朋友保持步调一致似乎很重要,但到了 16~17 岁,这就变得无关紧要了。

- 我是不是对性想得太多。

许多青少年发现,随着他们进入青春期,性这个话题总是在脑中盘旋。性与其他一切事物一样,个体之间也存在着巨大的差异。一些青少年可能会花很多时间做白日梦或性幻想,他们可能躺在床上想着性,可能手淫,或者可能在书中或网上寻找性相关的资料。另外,也有一些同龄人完全没有做这些事。在绝大多数情况下,可以这样说,没有"对性想得太多"这件事(唯一的例外情况是,强迫性地痴迷于性,例如沉迷于互联网上的色情内容)。我们都有不同程度的性需求和性唤起,每个人都必须为自己的性欲找到健康和令人满意的出口。

- 我现在应该"做"了吗？

青少年面临着许多让他们变得性活跃的压力。这种压力不仅来自同辈群体，也来自媒体和整个社会。无论男孩还是女孩，都倾向于对自己的性经历夸大其词。正如我已经指出的，帮助青少年抗住来自同伴的压力，为自己做出负责任的决定，父母在这个问题上能做的很多。父母要做到如下两个关键：一是确保孩子掌握了正确的性健康信息；二是在孩子最需要的时候提供支持。

- 我是不是太容易性兴奋了？或者我是不是太冷淡了？

我们完全可以理解这个年龄段的孩子关注性唤起的问题。无论对于男孩还是女孩，性体验与自我认同的各个方面紧密相连。我对别人有吸引力吗？我能让别人满意吗？当我第一次和某人做爱时我会如何表现？所有这样那样的焦虑都是成长和学习建立人际关系时不可避免的一部分。这可能是一些很难讨论的话题，然而对于父母来说，最重要的是记住这点：青少年在这个时候会经历太多的不确定和不自信。

- 我是同性恋还是异性恋？

虽然有些青少年可能在很小的时候就对自己的性取向十分确定，但也有许多人会经历一个不确定和自我怀疑的阶段。正如我所说的，青少年最核心的问题是自我认同。在寻求稳定的自我认同过程中，一个极其重要的因素就是清楚自己的性取向。对于那些尚不确定的青少年来说，这个问题可能会成为驱之不散的焦虑。在社会中，我们总是羞于讨论这些问题,所以青少年很少有机会倾诉。鉴于此,父母所能给予的任何支持都能让事情变得不同。

父母的

- 讨论性太尴尬了。

这是父母们最关心的问题,和孩子谈论性非常令人尴尬。大多数人都有这样的经历,所以你并不是唯一有这种问题的人!一种可能有用的方法是:让孩子知道你认为谈论性很重要,但你觉得很尴尬。说这些话足以帮助你开始了,你们可能会一起笑,然后至少可以开始谈论这个话题的某个部分。一位母亲是这样开始的:

嗯,我想说,不管有多难,咬紧牙关,傻笑,然后把它说出来。让它从你的嘴里说出来,因为一旦你第一次说出来了,下次就会更容易。我能说的就是深吸一口气,试一试。说出来,讨论它,承认这很困难,这就是你所需要的,真的!

——两个女儿的母亲

- 我想谈谈,但我家的青春期孩子回避这个话题。

这种情况经常发生,原因是"打开的方式不太对",这个问题不能强制性解决。可以选择一个孩子想聊天的时刻,让孩子们决定想说什么，利用电视节目或其他事件来展开讨论，尽量避免对性做出评判或道德说教。最重要的是，向孩子表达你愿意倾听，好的倾听者就是最好的沟通者。

- 我担心如果我们真的谈性了，我们会不欢而散。

这是另一种常见的担忧，你可能会发现你和你十几岁的孩子意见不一，但这并不意味着一定要用激烈争吵来解决。试着接受彼此的差异，如果你能做到这一点，你将会接受你的儿子或女儿已经是一个独立的人。

- 我担心我的孩子受到同伴的压力。

同伴压力是一种强大的力量，它影响着我们所有的人。然而，它对青少年的影响更大，因为在青春期这几年朋友尤其重要。如果可能的话，尽量不要批评孩子的朋友，或者把他们关在你的家门之外。越是把他们当成你生活的一部分，你对他们的影响力就越大，你就有更多的机会注意到正在发生的事情。

- 别在我的屋檐下！

美国社会学家艾米·斯嘉丽（Amy Schalet）写了一本很好的书，就叫这个名字。她研究了青少年在"父母的屋檐下"发生性行为后家长的反应。这是一个非常棘手的问题，很多家长内心很挣扎，当然，这在很大程度上取决于孩子的年龄和成熟程度。然而，还是有一些棘手的问题需要解决。

一方面，认可这一点意味着你对孩子的信任和尊重，还意味着你可以了解孩子的男朋友或女朋友，并能随时跟进他们的近况。这样做还确保了青少年能在一个舒适和受保护的地方做爱，因此也更有可能使用安全的避孕方法。

另一方面，你可能会觉得如果你对此认可了就是在纵容青少年的性行为，如果家里还有弟弟妹妹，你可能会想要保护他们。

最后，所有的家庭都必须权衡他们的信念和感受，并考虑到个人的实际情况。在我看来，"保护"是最关键的因素。作为父母，我们有责任全方位帮助孩子保护自己远离危险，最重要的是，我们希望他们是安全的，在自己家里可能会比在其他任何地方更安全。

作为父母，子女的性行为会给我们带来挑战，我们对性肯定有不同的态度，需要做出一些棘手的选择和决定。为了保持良好的亲子关系，我们可能不得不接受一些让我们不开心的事。我们采访的一位父亲很好地表达了这个观点，他认为在接受和认可之间只有一线之隔。

我觉得，不管你多么不赞成孩子的性态度，他们很可能还是会那么做，你必须决定你到底想要在彼此之间搭一座桥，试着理解他们的所作所为，还是想要冒着被孩子们欺骗的风险。所以你可能不得不转移你的目光，接受你不认可的事。在接受和许可之间只有一条微妙的界线。

——两个女儿的父亲

性教育

如何与孩子谈论性

对青少年的性教育是在一个大背景下发展起来的，顺理成章的是，他们的想法会受到家人和邻居的影响，也会被他们体验到的网络世界所影响。与性有关的态度和价值观在不断变化，正如我说过的，青少年的这些态度与价值观已经完全不同于父母。

当代青少年的经历与上一代人迥然不同，这种差异大部分都与科技及网络世界息息相关。我将在第六章详细讨论这个主题。我们必须注意到，科技已经极大地改变了青少年的生活，在下面关于网络恋情的部分再讨论这个问题。

对家长来说，与青少年性行为相关的焦虑有许多可能的原因，除了互联网带来的挑战外，还有：

- 青少年过早发生性行为的压力；
- 酒精或毒品对性行为的影响；
- 游戏、电影、电视节目和社交媒体中的色情信息。

在考量早期性关系时，所有这些因素都要考虑进去。男孩女孩们在一个非常性感的世界里长大，他们的态度和行为会不可避免地受到影响。重要的是要记住，性的学习分很多阶段，大多数青少年在实际发生性行为之前，会先在网上或亲自进行不同形式的试探或探索。

如何告诉孩子相关风险

青少年常问的一个问题是："我什么时候能做爱？"对于父母来说，诚实地回答这个问题并不容易。父母自己的性价值观，以及对青少年安全和健康的担忧，往往会妨碍他们做出对青少年有帮助的回答。其实，青少年最需要的只是一个不带评判性的回答，一个实事求是的回答，这个答案可以让他们知道年少时就发生性行为的风险。

最有用的一种方法就是给出一系列让青少年自问自答的问题，如果有任何一个问题的答案是否定的，那么他（她）就还没准备好。

这些问题包括：

- 你确定你能信任这个人吗？
- 你真的准备好了吗？如果是因为对方给你施加了压力，那么你就还没准备好。
- 你们能一起讨论并决定如何避孕吗？
- 你有没有想过性行为后可能产生的情绪？
- 你能完全确定你或你的伴侣不会怀孕，也不会被传染性病吗？

这一切听起来都很理性，但我们都知道，性并不是一个理性的主题！第一次性体验很可能发生在聚会上，每个人都喝了太多的酒，并且没有事先准备。关于青春期女孩的一些相关研究表明，一些女孩认为她们必须通过性才能留住男友，还有一些女孩因为自己所有的朋友好像都已经这样做了而感到压力。对于男孩来说，与建立长期的亲密关系相比，发生性行为更多的是为了在男性同伴中赢得声誉。

虽然青少年给人的印象是他们不受父母的影响，但事实恰恰相反。在道德和价值观方面，特别是与人际关系有关的方面，相关研究清楚地表明，青少年深受父母的影响。此外，虽然说什么很重要，但在这些方面，做什么同样重要。青少年非常清楚父母在亲密关系中的行为。无论是和丈夫还是和妻子，还是和新的伴侣，无论是和谁，你做什么和你说什么同样重要！

最后，我将总结两个重要的研究成果。首先，虽然人们普遍认为大多数青少年会在16岁之前发生性行为，但事实并非如此。有证据表明，在英国，这个年龄段中只有1/3的青少年有性行为。第一次性行为的平均年龄是18岁，而不是15岁或16岁。这对那些认为自己是唯一没有性行为的青少年来说应该是一种安慰。其次，研究表明，父母和青少年越能开诚布公地讨论，青少年就越有可能推迟首次性行为。也就是说，当父母和青少年有更多的机会讨论有关性健康的各种问题时，青少年就会在这个问题上更加小心谨慎。也有人认为，如果成年人提到了性问题，青少年就会想要去约会和尝试性行为，然而并没有证据可以证明这一点。事实上，在那些可以讨论性的家庭中，青少年更有可能对性采取负责任的态度。

如何与孩子谈避孕

在避孕这个绝佳的例子里，我们可以看到父母在此事中扮演的重要角色，以及可能的不足和问题。下面是一个青少年在谈论她的经历：

我记得当我想要吃避孕药的时候，犹豫了好几个星期才终于向我妈妈开了口。我记得我等了好几个星期，才等到一个时机问这个问题，然后她说："好吧，我和你一起去医院。"我只能说："啊！"我一直等到我们一起去度假的那几天，我妈妈刚喝完几杯酒，我才鼓起勇气问了她，但她对此并没有什么想法。太尴尬了！

——一个18岁的女孩

家长们可能担心提供避孕建议会侵犯孩子们的隐私，或者仅仅是因为无法开口讨论，导致根本不可能和孩子谈论这个问题。在很多家庭中，这都是令人尴尬的经历，但正如上面引用的例子，当一切都能公开讨论，那所有问题都不再是问题。当然，这在很大程度上也取决于人们对此事的看法。

如果家长试图搞"一言堂"，把青少年当作一个不负责任的孩子来对待，结果可能比较糟糕！但如果父母行事谨慎，在孩子需要的时候提供恰当建议和支持，就更容易被孩子们所接受。

避孕对青少年来说是一个难题，他们确实需要一些正确的建议，比如，如何选择合适的避孕药、了解口服避孕药的长期效果、了解其他避孕方法（如屏障避孕法）等。家长和青少年也需要对紧急避孕药（有时被称为"事后避孕药"）有所了解，以备不时之需。

在避孕方面，男孩和女孩之间有何区别？男孩家长的作用也许对此不在意，但同样重要。事实上，大多数适用于女孩的事对男孩来说也是如此。家长需要确保男孩掌握了正确的避孕和性传播疾病知识。对那些性行为变得活跃的男孩来说，他们需要使用安全套，家长需要确认孩子是否做到了。

家庭中的成年人对此要有敏感性，并尊重青少年的隐私。同时，成年人也要清楚地告诉孩子，在需要的时候他们随时可以提供支持。在谈论情感或尴尬的话题时，男孩可能比女孩更难以启齿。但令人惊讶的是，当男孩们感觉到自己的观点得到了尊重，他们就会经常找机会分享。

性别认同

近些年，人们对性别的态度发生了明显的转变。性别在几个世纪以来一直被认为是一个二元概念，也就是说，每个人要么是男性，要么是女性。然而现在对性别的看法则变得更为灵活，许多人开始质疑自己出生时的性别，变性更加常见了，相当数量的青少年认为他们可以改变自己的性别或保持所谓的"性别中立"（gender neutral）。人们第一次有机会考虑人可以分为三种性别而不是两种。

自20世纪70年代以来，社会发生了翻天覆地的变化。那时候，社会鼓励父母避免性别刻板印象，如果玩具和书籍被明确定义为女性化或男性化的东西就会受到批评，女孩子如果表现得像假小子则会受到表扬。而到了20世纪90年代，转变开始发生，粉红色流行起来，女孩子们可以心安理得地享受"女孩子气"的书籍和玩具。而到了今天，避免根据性别来定义孩子又成为新的趋势。

这会让许多父母困惑不解。"跨性别者"（"trans"）这个词曾经是用来形容那些对自己的性别不确定，或者觉得自己出生时被赋予的性别与自我认知不匹配的年轻人。这些年轻人认为人只有两种性别（性别二元论）的观念在社会中根深蒂固，但这种态度对不确定自己性别的人造成了歧视。

如果你十几岁的孩子认为他是跨性别者，作为父母，你该怎么办？就像应对其他出人意料或非主流的青少年行为一样，首先要记住的是不要反应过度，不要急于做出反应，而是试着推迟时间，直到你了解更多之后再反馈。提醒自己这一代年轻人对性别的看法，试着听听你的孩子在说些什么，不要急于评判。最重要的是表达支持，青少年需要知道他们是被爱的，无论他们对自己的性别做了什么选择。

一般认为，在人群中大约有十分之一的人是同性恋或双性恋，但同时有过同性恋和异性恋经历的人可能更多。人们意识到自己可能不是异性恋的年龄有很大不同，一些人从童年晚期就知道，而另一些人直到青春期晚期或成年后才明确自己的性取向。

人们对同性恋的态度在过去的二三十年里发生了很大的变化，尽管如此，偏见和误解依旧非常明显。那些认为自己可能是同性恋或双性恋的青少年很难得到支持，常常感到孤独和被孤立。在学校和工作场所，同性恋霸凌（以同性恋和双性恋者为霸凌对象）仍然是一个问题。相关组织报告说，总体而言，同性恋和双性恋青少年的心理健康问题比一般人群更严重。在家庭里，最困难的事情就是告诉父母自己是同性恋或双性恋。

15岁的时候，我开始去同性恋酒吧之类的地方，我知道在那个年纪不应该去那些地方，但那是一个相当可怕的年龄，我成功地逛了两年酒吧，直到17岁。我对做的每一件事都要撒谎，在家里我也在撒谎，我已经受够了。所以有天晚上我就说出来了，这种事肯定是一件大事。当时我爸爸正躺在床上，我坐在床尾对他说："我是同性恋。"然后我看到他脸上的血色渐渐消失。开始的时候还可以，但是当他告诉我妈妈的时候，她真的气疯了。我之前有点误导了他们，这个那个的，他们一直以为我有女朋友了，所以从来没有怀疑过我。这大概是去年圣诞节前后的事，我把他们的圣诞节都毁了，我也过得一塌糊涂！

——一位19岁的男孩

当父母发现子女是同性恋时，他们很可能会感到震惊或沮丧。性相关的问题确实会引起复杂的感觉，尤其是当父母发现孩子们与自己"不同"的时候。父母需要时间来适应这些事情。请记住，经过一段时间的调整，许多父母会开始接纳他们的同性恋子女。他们可能会逐渐意识到，子女不同于自己的生活方式，也可以是充实和令人满意的。

这是一位17岁同性恋女孩给出的建议：

父母对此不应该立即做出反应，因为即刻反应很伤人。孩子需要很大的勇气才敢说出来。所以仔细想想你要说什么，然后暂时离开，再好好想想。想想什么是最重要的，你爱你的孩子更多？还是讨厌他们的性取向更多？我觉得你需要很多时间仔细思考。

——一位17岁的女孩

除非已经对这种可能性略知一二，否则，家长们很难接受这种情况。花点时间做出回应听起来是个不错的策略，但要付诸实践并不容易。许多家长表示震惊和难以置信。有些人说他们觉得内疚，问自己哪里做错了；还有些人闭上眼睛，希望一睁眼发现什么都没发生。这些反应都没什么用，那么我们能做些什么呢？

- 认识到这不是世界末日！你的儿子或女儿仍然还是那个人，他并没有因为告诉了你自己的性取向就变成了另一个人。这不是世界末日，相反，这标志着你们之间开启了一段更开放和真诚的关系。
- 向你的儿子或女儿保证，你仍然爱他们。他们此时比以往任何时候都需要你的支持和爱。年轻人会出现强烈的不确定感、焦虑以及对自己丧失信心，他们需要知道你会支持他们。
- 尽量多地掌握信息。你可能需要找个人谈谈，帮你理清思绪和反应。不要害怕告诉别人，一定要找一个能给你提供有效建议的人。
- 如果可以的话，邀请子女的伴侣一起见个面。这可能不太容易，但这样做就代表着一个强有力的信号，表明你并不打算把他们拒之门外。如果你欢迎孩子的重要他人来家里，这意味着你愿意接受"他们是谁"。你可能会有担心和恐惧，但你的子女会把这个邀请视为迈向接纳与和解的一大步。

网络恋情

网络世界可能发生各种各样与性有关的行为，比如观看色情影片或发送色情短信。总的来说，这些行为引发了成年人的焦虑。父母不知道怎样才能限制或阻止这些行为，他们对网络世界发生的事普遍持有负面的看法，我们将在第六章具体讨论这些威胁。

成年人对青少年利用网络追求恋情的方式所知甚少。2017年，两个著名机构合作进行的一项名为《网络恋情》的重要研究发表了其研究结果，研究结果深度展示了互联网如何改变和加强恋爱关系和性关系。

这项研究显示的总体情况是积极正面的。14～25岁的研究参与者认为，网络世界提供了丰富的亲密关系体验，包括在网上认识自己的另一半、可以不尴尬地调情，或者不尴尬地保持亲密关系，也可以一直保持联系。最后这点是最重要的，一些参与者报告说，在恋爱时他们几乎一直在互发信息。

而不太积极的方面包括：有时候会迫于压力做某事或与人保持亲密关系，25%的女孩、10%的男孩有过这种经历。分手也会发生在网上，这很让人痛苦和难过。也有一些人报告说，他们和网友谈了恋爱，结果最后却发现对方是个年龄大得多的成年人。

这项研究展示了一个关键信息，网络恋情并不会取代面对面的关系。相反，网络世界创造了加强人际关系的机会，让人们有更多样化的亲密体验。对于少数有负面经历的人来说，他们认为这些负面经历同样可能发生在面对面的关系中，并不会因此把责任归咎于网络。然而，他们确实希望在网络交往方面学习得更多，他们认为这方面的教育做得很差，在学校里没有得到应有的重视。

WHY WON'T MY TEENAGER TALK TO ME?

为什么我的青春期孩子不和我说话?

第五章
如何帮助孩子处理友谊和同伴关系问题

社交生活可是青少年的重头戏。如果让你想象孩子上学时在课堂上干什么，你可能认为他专注于数学或历史，当然这也是老师所希望的，这是个很好的猜测。然而事实上，青少年会花相当长的时间思考他们的社交生活。处于青春期的孩子会思考社交网站上的帖子，为什么一个人会把照片发给另一个人，周末会发生什么，等等，这些问题才是青少年关注的焦点。在这一章中，我将探讨朋友、同龄人群体和社交生活为什么对青少年如此重要。

很明显，智能手机和互联网大大促进了青少年之间的交流，对大多数青少年的社交世界产生巨大影响。一方面朋友之间的交流变得越来越容易；而另一方面，由于数字技术的发展，交流本身成了这个时代友谊的核心特征。

你一定注意到了，在每一章的开头，我都强调了STAGE框架是如何应用在本章主题上的。对于朋友与同龄人群体这一主题，框架中与其最相关的是S（Significance），即重要性。这是为什么呢？我在前面提到过，这是成年人开始感觉被冷落的时候。青少年给人的印象可能是：他们更喜欢和朋友聊天，而不是和父母。父母和孩子之间那种亲密而舒适的关系不复存在，父母开始感觉自己不像以前那么重要了。

青少年想要和朋友们分享自己的经历，而不是和父母。他们给人的印象是，他们不再对父母说的话感兴趣。他们甚至可能把大人推开，关上卧室的门并在门外挂起一个大大的"私人领地"的标志。正因为如此，S（重要性）才如此重要，此时父母仍然很重要，甚至和童年时期一样重要。只是父母的角色可能改变了，但他们依旧扮演着重要的角色。在这一章中，我们将讨论当朋友和同龄人在青少年的生活中占据重要位置后，父母该如何调整自己的角色。

本章内容主要涉及以下主题：

- 为什么朋友在青春期那么重要；
- 为什么被同龄人群体接受那么重要；
- 父母和同龄人，谁的影响力更大；
- 孩子交友不慎怎么办；
- 孩子被拒绝、孤立和霸凌时怎么办。

为什么朋友在青春期那么重要

朋友在童年时期也很重要，但一旦进入青少年时期，朋友的角色就变得更加重要了。为什么会这样呢？有三个主要原因。

首先，青少年与父母的关系发生了改变。青少年开始建立与家庭分离的自我认同，他们开始寻求更多的独立性，为了做到这一点，他们会给自己和父母之间制造一些距离。

第二，处于青少年早期的孩子有很大的不安全感和不确定性，他们会变得更加脆弱敏感。他们不仅要应对青春期的生理变化，还要应对社会变化和情感变化。当感到脆弱无助的时候，每个人都会想要更多的支持，而这种时候他们会向朋友寻求各种支持。

第三，青少年时期是自我认同发展的阶段。在这个时期，他们探索自己是什么样的人、想成为什么样的人。正如下面这位16岁女孩所说的，正是通过朋友及其他各种各样的事物，自我认同的过程才得以发生。

朋友绝对是最重要的，他们能给你更多的信心和安全感，还有稳定感。我的意思是，我和最好的朋友有过一些糟糕的经历，这种经历非常可怕，但当你有很多好朋友在一起时，你就会感到安全。他们不会在乎你的长相，他们始终是你的朋友。他们带你发现新事物，探索新事物，他们为你打开新的大门，无论是去购物，还是外出，或诸如此类的事情。你还会听到新的音乐，这些都在帮你找到你的自我认同。

——一位16岁女孩

在关于青少年时期友谊的研究中，有研究者认为，朋友对青少年来说有很多"功能"，这些"功能"包括：

- 陪伴（一起做事的人）；
- 一个可靠的同盟（站在你这边的人）；
- 帮助（需要时提供帮助）；
- 亲密（可以分享的人）；
- 自我肯定（确认你很好，你是一个值得交往的朋友，一个被他人喜欢的人）；
- 情感护卫（当你感到脆弱时，有人为你打气）。

很明显，这些都是非常重要的"功能"。然而，家长们不必觉得这会削弱自己的作用。事实上，父母和朋友需要各司其职。最好的情况是，家长和朋友分工合作，为青少年提供支持，让他成为更好的人。稍后我将讨论两者扮演的不同角色。

人们有时会问，如果一个青少年没有朋友会怎么样？令人欣慰的是，确实有部分青少年没有亲密朋友也能过得很好。但需要注意，很多时候，没有朋友的青少年都在其他地方有所补偿。例如，他可能与兄弟姐妹或其他亲戚（如表亲）关系密切；或者他拥有一项吸引自己全部注意力的爱好或兴趣，他可以全身心地投入其中。对于父母来说，对此不必太过恐慌或担心。每个人都是不同的，有些人就是不像其他人那么需要朋友，关键是父母能够支持孩子。如果青少年想要朋友，那就享受朋友带来的快乐；如果不想要朋友，就鼓励他有自己的追求或兴趣。

为什么被同龄人群体接受那么重要

父母会担心孩子遭遇同辈压力（或称为"同伴压力"）。我们不希望孩子受到他人的影响，尤其是当这种影响是负面的时候。很多父母总有一段时间会担心孩子交友不慎，担心自己的孩子"遇人不淑"或"误入歧途"。

正如一位母亲所说：

当然，在同辈压力上，我正经历着非常大的挑战，我看到我的女儿现在正在承受这种压力：如何能在保持朋友关系的基础上说出她对事情的想法和感受，不害怕被朋友们冷落。所以，在压力下维护自己是一个很大的难题。

——一个女儿、两个儿子的母亲

虽然青少年可以（至少在某种程度上）选择朋友，但他们不能选择同龄人群体。进入中学后，青少年接触到更多同龄人群体，他们必须学会如何管理由此产生的压力。有些人比其他人更容易受到影响，研究表明，年龄和性格都与此有关，青少年年龄越大，就越有可能不受群体的影响。但是，个体之间也有很大的差异——一些青少年比其他人更容易屈从于同伴的压力。

被更大的同龄人群体所接受为什么很重要？

主要有两个原因。首先，受欢迎程度很重要——我们都希望自己受欢迎，而被同龄人接受的程度是衡量其受欢迎程度的一个标准，这一点在青少年时期尤为重要。其次，同龄人群体提供了一种衡量标准，帮你判断自己是什么类型的人，你所在的群体将帮助你确定你喜欢什么类型的活动，以及什么最适合你。

我现在正在改变自己，和我喜欢的朋友一起，我还在努力解决这些问题。就好像某些群体并不是很受欢迎，但是在这些群体中有人是受欢迎的，一般人与弱势的人是朋友，而真正受欢迎的人与所有人都是朋友。我想我是一般人，但我仍然喜欢慢慢来。

——一位15岁的女孩

同辈压力是生活中的现实，我们都经历过。然而，比起其他年龄段，同辈压力会对青少年的生活产生更大的影响，因为同龄人群体对青少年尤其重要。所有关于同龄人群体影响的研究都指向一个明确的结论：

• 家庭参与度和支持度越高，同龄人群体对青少年行为施加负面影响的机会就越少。

如果家庭不能提供必要的支持，就会出现缺口，而这个缺口正好被同龄人群体所填补。青少年需要支持,需要归属感,如果家庭不能给孩子提供这些的话,那么同辈群体就会对青少年产生重大的影响,而来自家庭的支持则可以缓冲来自同龄人群体的过度压力。

总而言之,无论家庭提供的支持有多充足,几乎所有的青少年都会经历同辈压力。他们需要帮助和支持来应对这种压力。这就引发了下一个问题。

父母和同龄人,谁的影响力更大

这个问题一直是父母和青少年相关研究的重要主题。从研究结果来看,这是个伪命题。答案并不是非此即彼,而是两者兼而有之。我们不能简单说父母更有影响力,或同龄人更有影响力,正确的答案应该是两者扮演了不同的角色,以不同的方式发挥作用。

一个15岁的男孩被问到:"父母和朋友,谁对你的影响更大?"他是这样回答的:

我可能会想办法找到一种折中的说法,而不是对他们中的任何一个说"不",这样双方都会比较开心。我不想那么做,我和父母同在一个屋檐下,我当然不想惹恼他们,但我也不想失去我的朋友。这取决于具体是什么事,我可能会做我父母希望我做的事,因为他们比我的朋友更了解我,但如果我的朋友说了些什么,比如想要做一些真正有趣的事,我会想去做……但这取决于具体是什么事,不是吗?

在最近的一项研究中,青少年被问及当他们遇到各种不同的问题时会向谁寻求建议,结果显示父母和同龄人的确扮演着不同的角色。当被问及他们会和谁谈论与学校或健康相关的问题时,超过70%的人说他们会找父母讨论,不到30%的人会选择和朋友讨论。而当被问及他们会找谁讨论男女朋友之间的问题时,近65%的人说他们会和朋友讨论,只有35%的人说他们会和父母讨论。

青少年本人在选择和谁谈时,会有自己不同的倾向,但讨论的话题本身对此也有影响。在大多数情况下,当涉及教育、生涯、工作、健康、金钱和道德问题时,父母常常是青少年可以求助的人。如果是社交类问题,例如亲密关系问题,或是关于衣服、音乐和休闲方面的问题,那么朋友就变得更重要了。

另外,还有两点需要注意:

第一,比起和父母聊天,很多青少年说他们觉得和朋友聊天更舒服,原因之一是朋友的反应和父母不一样,朋友不会教训你,也不会批评你。朋友们更接纳自己,在遇到困难向他们求助时,他们会更加中立和客观,朋友们会倾听,而不是对你说三道四。这一点家长们需要牢记。

第二,父母和朋友不是截然分离的,而是同一个系统的两个部分。青少年在家庭里学到的东西会影响他们的友谊,他们也会受到父母自身社会关系的影响。最重要的是，父母对待孩子朋友们的方式也会让朋友们的影响力发生变化。父母越了解孩子的朋友们，孩子的朋友们越受家庭欢迎，父母就能发挥更大的影响力。

孩子交友不慎怎么办

我们和女儿最近相处得很糟糕，前一分钟她还在上学，是个正常、健康、聪明的孩子，但下一分钟她就像变了一个人。她认识了这个男孩，我们发现他们一起逃学、抽大麻。她是一个聪明的女孩，但她和这个家伙在一起后，这个臭小子对学校完全没兴趣。她变得像他一样，言谈举止都像他。我们不喜欢那个男孩，但我们越说他的坏话，她就会越靠近他。

——3个十几岁孩子的父亲

这种情况是每个家长的噩梦。这是个极端的例子，但它确实说明了父母所面临的两难困境，在这种情况下，父母不得不做出选择：一方面，他们可以明确表示他们不喜欢某个人或某些人，这可能会破坏亲子关系；另一方面，他们也可以选择忍气吞声，寄希望这段关系不要持续太久。不管怎样，当局面变得困难时，我们要记住以下几点：

- **不要期望你的孩子和你一样，按照你喜欢的朋友类型来选择朋友。**

你并不指望你的孩子喜欢你所有的朋友——毕竟，他们凭什么要喜欢呢？也许在你看来不合适的朋友并不是真的不合适，只是因为对方正好是你不喜欢的人。你可能不太关心某个人或某种人，但是你的孩子必须自己做出选择，而这些选择并不是你的。

- **青少年会犯错。**

青少年在成长的过程中，一定会做出一些糟糕的选择，而这些糟糕的选择里也包括一些不成功的友谊。父母的角色不是去批评孩子，而是提供支持和反思的机会，引导孩子思考哪种友谊最适合自己。

- **你真的希望你的孩子背井离乡，和那些你完全不了解的人在一起吗？**

如果你确实很想让你的儿子或女儿知道你的感受，请一定要先考虑这个决定的影响。如果你因此大吵大闹，你的孩子可能会离家出走，把你隔离在他和朋友的生活之外。而对于青少年来说，他们丧失了将你的价值观与他们的同龄人进行比较的机会。

如果能在一段时间内保留自己的想法，你就会有更多的机会和孩子保持联系，就更有机会影响孩子的选择。如果你让这件事成为你们之间冲突的一个焦点，你的孩子将别无选择，只能继续维持这段关系——没有别的原因，可能仅仅是为了面子。

孩子被拒绝、孤立和霸凌时怎么办

在前面，我谈到了那些在青少年时期没朋友的人，有些人能很好地应对这种情况，他们要么从家人那里得到支持，要么沉浸在能取代友谊的活动或爱好中。

当然，情况并非总是如此。有些青少年会因为自己的攻击性或不当行为而遭到同伴的拒绝，另一些人可能会因为社交技能不足或极度害羞而被孤立，还有一些人则可能因为备受霸凌而苦苦挣扎。无论是对青少年本人还是看着这一切发生的家长来说，这些经历都让人十分痛苦。

先来看看那些被孤立的青少年。有些人可能在小学阶段就有了早期的友谊问题，而另一些人可能发现进入青春期后交友非常困难。从小学的非正式小团体，到中学大得多的学校环境，这段经历可能让人望而却步。现在，许多学校提供了从小学到中学过渡的适应性教育，这将可以帮助那些青少年适应更大的友谊团体。

那些被拒绝的青少年都有不同的社交问题，他们可能试图交朋友，但发现自己遭到了同龄人的拒绝，原因可能是自己的行为令人不快、不受欢迎或不符合他人的社会期待。

值得注意的是，社交技能可通过学习得到改善，例如，通过学习，一个极度害羞的青少年有可能变得更加自信，那些有攻击性的青少年也可以学会在社交场合中控制自己的行为。如果你的孩子有类似的问题，有必要向学校辅导员或其他专业人士寻求帮助。

无论是被孤立的还是被排斥的青少年都会成为被霸凌的目标，现在我们来说说霸凌，网络霸凌将会在第六章中进行讨论。

在下面这个案例中，一位父亲讲述了他的儿子在学校被霸凌的经历：

我妻子认为这件事情已经发生很久了，她发现有些怪怪的，我不像她那么敏感，于是我们有一段时间一直问孩子是不是一切都好，但孩子什么都没说。最后他终于说了出来，竹筒倒豆子一样从头到尾全说了。那天我们因为一件什么事吵了一架，我不记得具体什么事了，然后真相大白，事情的经过让人震惊。

我感觉撕心裂肺，对此无能为力，我问自己："我能做什么？""怎样才能阻止这件事？"最糟糕的是他不想让我们帮忙，我说第二天我要去学校，但他不想让我们去。

（你做了什么？）

第二天，我们没有让他去学校。又过了一天，我们必须和学校一起解决这个问题，所以我妻子联系了学校，尽管孩子不同意。我们联系了年级负责人，告诉她发生了什么，学校负责人说，他们知道这群霸凌别人的孩子。这让我们喜忧参半，因为一方面，我们会想"你既然知道这些问题，怎么能放任不管？"，但另一方面，至少学校知道这个问题，他们会严肃对待这件事。

我们约好放学后去见年级负责人，这样别人不会知道这件事，并一起制订了应对的计划。他们真的做得很好，他们把主要的几个学生叫了过来，但并没有告诉他们是谁将这件事告诉了学校，这些学生也没有和我们见面。但是年级负责人告诉他们，学校已经意识到存在一些问题，这是不能容忍的。

（这样做有帮助吗？）

有，也可以说没有。直接的霸凌很快停止了，但是青少年是群居动物，如果你是一个青少年，你肯定不想惹麻烦，想照顾好自己。如果有人被霸凌了，他在别人眼中就是弱者，和弱者在一起只会意味着你也会成为霸凌者的目标。所以我儿子也因此失去了一些朋友，但不是全部，他并没有被抛弃，但他知道没有人会支持他。

（对孩子的影响是什么？）

他又多了一种压力，不是吗？你可以看出他躲进了壳里，他为此感到尴尬，所以在这个壳里，一切都很好，没有关系，什么事都没有。他永远不会提起这件事，就像房间里的大象一样，我们永远不会提起这件事，因为谈论这件事会让他感到不舒服。

他的信心受到了打击，这一切都是那么毫无意义和残酷。我儿子的头发是红色的，就他的年龄来说，他个子不算大，他是典型的靶子，这让我很生气。当你还是个十几岁的孩子，你试图把自己变成某个人，然后某个小混蛋出现了，破坏了你所做的一切，这一定很困难。我无法想象他有多痛苦。

我之所以详细地讲这个故事，是因为这里有很多东西可能对父母有帮助。恃强凌弱是家长们最担心的问题，那么我们能从中得到什么教训呢？

首先，很明显，你需要关注青少年的情绪和行为。如果青少年有不合理的变化，或者行为的改变很难解释，那么要警惕任何霸凌的迹象：

- 不愿上学；
- 从学校回家走不同的路线；
- 个人物品和（或）衣服丢失或损坏；
- 身体上有任何不易解释的伤口或痕迹；
- 持续的情绪低落或易怒；
- 失去友谊；
- 学习成绩无故下降。

其次，所有学校都被要求有针对反霸凌的政策，家长有权知道这些政策。你可以自己去发现，并确保学校在执行这些政策。如果你觉得没有得到老师的支持，你可以向其他家长寻求帮助。

最后也是最重要的是和你的孩子讨论这个问题。找出青少年更喜欢和谁说话，比如学校辅导员、年级负责人或谈得来的老师。对此你尽量遵从孩子的想法和意见。然而，正如上面的故事，即使这个男孩不想让他的父母介入，他们还是介入了。这对父母来说总是一个难题，但在这种情况下，你可能会认为他们做的是对的。

霸凌是一个严重的问题，绝不能被接受。对此虽然有时看起来好像父母能做的事情不多，但正如上面的故事所展示的，父母可以为此做出改变。通常情况下，青少年不想让任何人知道这个问题。父母需要对此保持敏感性，如果可能的话，要找到一种青少年可以接受的解决方式。然而，我们的底线是不能允许霸凌行为继续下去。如果有必要，父母必须介入以保护孩子。

来自青少年的有用建议

最后，我列出一些关于青少年和他们朋友的建议，以供父母参考。

- 对青少年来说，朋友非常重要。在绝大多数情况下，朋友对青少年社会性发展的影响是积极的。他们的友谊应该得到父母的鼓励和支持。
- 父母必须要了解孩子的朋友。父母和孩子的朋友之间的联系越多，在必要时提供支持的可能性就越大。
- 父母要避免批评孩子的朋友，这只会在父母和孩子之间制造距离，减少父母影响和支持孩子的机会。
- 同辈压力对青少年的生活有影响，来自家庭的支持越多，青少年就越有可能顶住压力，学会自己做决定。
- 如果孩子存在严重的问题，如被同龄人群体霸凌或孤立，父母不能坐视不管，必须采取行动。父母可以做一些事情来帮助和支持青少年，必要时父母可以寻求专业的帮助和建议。

WHY WON'T MY TEENAGER TALK TO ME?

为什么我的青春期孩子不和我说话?

第六章
如何应对互联网相关问题

因为有电脑和电话，她一直到凌晨1点才睡，早上醒不过来。她总是累，这让她很烦躁。她的睡眠糟透了，绝对糟透了。问题是，在这个令人眼花缭乱的社交媒体上，他们什么都不想错过，不是吗？我觉得孩子们压力很大，他们必须和别人同步，他们必须得有很棒的照片，告诉别人："看，我棒呆了！"我认为这对孩子来说是巨大的压力。

——一位母亲

现在事情简单多了，如果我想联系某人，我就用手机发信息。我有点太依赖它了，甚至都没意识到。因为我今天把手机弄丢了，到现在还没有拿到，放学回家的时候，我感觉自己很脆弱，我开始觉得，我好像突然什么都没有了！这有点像突然迷路了的感觉，并不是说我真的会迷路，而是开始恐慌了。

——一位15岁的女孩

新技术改变了我们所有人的生活，但处于数字革命前沿的人是那些十几、二十几岁的年轻人。这个年龄段的孩子是伴随着互联网长大的第一代人，他们比父母更精通网络。这给家长带来了一些挑战，儿童和青少年对数码科技的使用可能是家长最担心的问题。

值得注意的是，数码科技正以非凡的速度发生着变化。一夜之间，各种网站如雨后春笋般涌现，社交媒体一直在发展，新设备不断上市。

我们不知道未来会怎样，因此任何人在讨论这个话题时都必须小心谨慎。在本章中，我将讨论以下主题：

• 互联网提供的机会；
• 互联网带来的挑战：网络霸凌、游戏、色情、网络猎艳和性骚扰，以及网络成瘾；
• 父母如何保障青少年在网络世界的安全。

在继续讨论这些主题之前，我首先要谈谈STAGE框架如何适用于网络世界中父母的角色。本质上，该框架的五个方面都适用，但这里我将重点谈谈A（Authority）所代表的权威。网络世界带来的挑战，使得父母和青少年关系中最关键的问题浮出水面，那就是权威。在一个青少年可能比成年人知道得更多的领域里，父母能怎样行使权威呢？当父母对安全的担忧比青少年更强烈时，权威又如何才能真正起作用？在本章的后半部分，我会谈谈什么是媒体监控。在这个问题上，我认为最好的方法是充分行使权威，也就是我在第二章中概述过的教养方式。过度控制、放弃或把问题留给青少年自己解决都不是最好的方法，权威式的教养方式可以做得更好，本章后面还会更详细地讨论这个问题。

互联网提供的机会

数码科技对我们的孩子的影响到底是有益的还是有害的？这是关于数码科技最激烈的争论之一。一方面，一些评论家认为，使用智能手机或屏幕的时间过长会损害大脑，破坏孩子的核心价值观，危害家庭，并带走孩子的童心。我听记者们说起过"屏幕儿童"或"屏幕塑造的孩子"这些词！另一方面，也有许多专家指出数码科技在教育和信息共享方面的巨大优势。

大多数人持一种综合的观点，即承认数码科技对青少年来说有风险，但也强调数码科技的积极影响。数码科技对青少年有一些显而易见的好处，首先要说的是，因为有了数码科技，与朋友保持联系变得比以往任何时候都要容易，比如通过信息、电子邮件、社交网站等，都可与朋友进行交流。

与朋友时刻联系的需求并不新鲜。在过去的几代人里，父母经常抱怨孩子使用电话。父母们会问，为什么青春期的孩子非得要花几个小时和几分钟前刚说完再见的人聊天？

从这个意义上说，一切都没有变，但联系的便捷性、可用媒体的范围以及扩大人际关系网的潜力都变得不一样了。如今，与他人保持联系更像是一种习惯，所以当青少年不能随时接收信息或访问社交媒体平台时，他们会感到坐立不安。这个即时通信的世界有许多与生俱来的优点，当然也有一些缺点，我将在适当的时候谈谈这些。

对青少年来说，除了沟通功能，互联网还有第二个功能，即它是青少年探索自我认同的工具。在前面的章节中我们已经说过，青少年时期是自我认同发展的关键时期。在这几年里，青少年会尝试各种各样的自我，试图弄清楚自己是谁、自己想成为什么样的人。聊天室和社交网站都允许个人按照自己的意愿向他人展示自我，因此，互联网成了青少年尝试不同自我的理想场所。这就是社交媒体对青少年如此有吸引力的原因之一。

另一个引起激烈争论的问题是，通过屏幕进行的持续交流是否会减少面对面的互动，有趣的是，研究结果证明恰恰相反。那些使用多种不同的数字媒体进行交流的人，同时也是很好的面对面交流者。看起来在线交流实际上促进了朋友之间的亲密关系，因为它提供了更多的机会，让朋友之间更亲密，分享得更多。

除了交流、自我认同的探索和即时获取大量信息之外，互联网还有其他一些重要的有利之处：

- 发展社交技能的好机会。

在互联网中有许多方式可以帮助青少年发展社交技能。其中一个很好的例子就是电子游戏，许多游戏需要一群人一起玩，通过这种方式，青少年可以学习协商谈判、分享和共同决策。

- 发展自我管理能力的舞台。

正如我提到过的，在这个时代，有机会独立思考并采取行动非常重要，互联网提供了许多这样的机会。互联网给予青少年的自由可能是引发父母焦虑的一个原因，但青少年需要一个学习如何对自己负责的舞台，而互联网就是这样一个舞台。

- 发展创造力的机会。

互联网通过不计其数的方式鼓励创造力，无论是通过音乐、艺术、电影、摄影还是其他各种活动。互联网也是一个促进共同创造的工具，个体可以和他人一起合作进行艺术、科学和其他富有想象力的项目。

- 为生活在不安全或与世隔绝地区的青少年，或面临偏见或骚扰的青少年提供了安全的环境。

这一益处常常不被承认，但却非常重要。许多住在内陆地区或郊区的青少年可以在互联网学习，也可以获得一些在本地无法获得的资源。互联网还可以为那些遭受偏见或骚扰的人提供一个安全的空间，对于这些青少年来说，互联网可能提供了一个安全的讨论空间，他们知道自己在这里不会受虐待或受迫害。

充分了解青少年在网络世界中做的事，人们就会知道青少年的世界是如何扩展的，人们将看到互联网如何为所有能够上网的人提供了机会，帮助青少年探索和获取新知识。最近，我看到一个13岁的孩子在他的笔记本电脑上查找自己的家族史，他通过查找曾祖父的信息、姨妈的慈善网站、当地历史和街道名称的来源，以及家里的汽车是在哪里制造的，来帮助自己了解家族史。如果没有互联网，这样的学习活动是不可想象的。

互联网带来的挑战

说完了互联网为青少年提供的各种机会后，现在是时候说说互联网带来的威胁了。对许多父母来说，在谈起互联网时，隐私和安全就是最大的威胁。今天，很多家长的担忧和顾虑都集中在这个话题上。

在这一节中，我将列出互联网上引起父母焦虑的一些主要问题，然后我会详细介绍为了保障青少年在网上的安全父母可以怎么做。

网络游戏

网络游戏也是一种威胁，但讨论起来很难，因为这在所有年龄段都很普遍。当然，玩游戏是愉快的、有趣的，五六岁的孩子都在玩诸如"怪兽"或其他类似的网络游戏。在低年龄组中，男孩和女孩玩游戏的人数持平。但在青少年中，毫无疑问，玩电子游戏的男孩比女孩多得多。如果游戏在儿童和青少年中如此盛行，那么父母对网络游戏的安全顾虑是什么？其中有两个主要顾虑：

- 电子游戏扣人心弦，令人兴奋，因此很难限制孩子花在这项活动上的时间。
- 一些游戏的内容充满了色情、暴力，不适合青少年。

关于花在电子游戏上的时间，家长们经常会问的问题是：玩多久合适？是否有这样的指南？在这个问题上没有明确的指导意见，孩子的年龄、是在假期还是在上学，都会影响这个问题的答案。对大多数青少年来说，上学时间每天玩游戏不超过1小时似乎是合理的，周末和节假日一天最多2小时。如果青少年每天花在游戏上的时间超过2小时，那肯定太多了。

一些家长说，试图设定孩子每天玩游戏的时间非常困难，导致了很多冲突。因此，很多家庭选择每周安排一到两天"无游戏日"，或者是"无科技日"，这对一些人来说效果不错。还有一些家庭联系了参与联机游戏的其他青少年的父母，一群父母共同商讨此事会有更好的效果，如果许多青少年受到同样的限制，这就可能是一个更成功的策略。

现在我们来谈谈游戏的内容，这对家长来说也是个难题。游戏是根据欧盟的一个系统来分类的，就是所谓的PEGI系统，它将游戏分为7岁以上、12岁以上、16岁以上和18岁以上。该制度对零售商具有法律效力，但很难遵守，并且许多家长也说他们对此并不知情。即使家长们都了解了，从其他家庭，或从年长的兄弟姐妹或亲戚那里泄露出来的信息也很难控制。以下是一位父亲对此的看法：

我们已经玩过了适合18岁以上成年人的游戏，结果有得也有失。你没法设立"你未满18岁，18岁以上级别的游戏或电影不许碰"的全面禁令，因为，嗯，他们会去他们的朋友家，这样他们就能看到。你无法与社会环境抗衡，但我们不会去给孩子们买"18岁以上级别"的游戏。

面对这些挑战，父母还是有很多事情可以做，也许最重要的还是保持参与和觉察。如果你放弃了，认为这是另一个你永远搞不懂的世界，这对青少年没有任何帮助。每个青少年都需要学会设定自己的界限，但这很难做到。在设定界限的时候，他们需要帮助，而这种帮助只能来自父母。就像很多其他事情一样，你可能会觉得青少年并没有注意到你和你的顾虑，然而，没有你的关心和参与，青少年将无法学会自己设定界限。

网络成瘾

只有极少数的青少年会网络成瘾，然而，这仍是家长们担忧的一个问题。如何限制青少年的上网时间，这个问题困扰着很多人。下面是一位母亲和她儿子的经历。

他离开了学校，找不到工作，参加了一些培训计划。我对他说，你知道，你不能再继续玩这个乱七八糟的游戏了，因为那时他正在玩魔兽世界。那时我没有意识到，现在回头看，这就是为什么他完全的……真的是很糟糕。现在他告诉我他当时一头扎在游戏里，而我们并不知道。游戏基本上带走了他全部的生活，因为他只是一直一直在玩这个游戏。我甚至不知道他晚上也在熬夜玩这个游戏，他的卧室在楼下，他早就不和我们睡在一起。我总是让孩子有他们自己的时间和空间，但我没想到这个游戏已经完全占据了他的生活。

从前面内容可知，许多网上活动会让人上瘾。网络游戏和色情是两个明显的例子，但即使是用聊天室和社交网站，也会消耗大量的时间。正是由于这个原因，父母的参与变得如此重要。青少年在设定界限上需要得到帮助，大多数人无法完全靠自己做到这一点。

色情内容

这又是一个很难讨论的话题，现在，许多男孩报告说他们都是通过浏览色情网站来学习性知识。这对青少年来说，会产生什么影响呢？如果没有其他方法来了解性，这对他们来说可能是有意义的。当学校提供不了他们需要的东西，与父母讨论这些事情又很尴尬，他们显然会转向求助互联网。然而，男孩使用色情网站会给女孩们带来一个问题，因为很多女孩发现色情内容充满了胁迫性，然而却很难完全躲开，因为她们可能在别人的手机上看到，或在没有搜索的情况下就被推送链接。

很显然，青少年看色情内容有很多不同的原因。一些人可能只是出于好奇而去网上搜索，然后很快就放弃了；另一些人可能会花很多时间去看色情资料，但是一段时间后就会觉得厌烦；还有一些人心里可能并不想看，但由于他们的朋友或同龄人群体都在看，因此很难做到完全不看。作为家长，你完全有理由对网上的色情内容感到焦虑，但是注意，如果你发现你的孩子正在浏览色情网站，很重要的一点是先搞明白事实是什么，再做出反应。

其实你不必对色情内容感到恐慌，如果你的孩子访问了一个展示色情图片的网站，一定先要弄清楚发生了什么：这种情况发生的频率如何？是否有其他儿童或青少年一起参与？青少年能理智地谈论这个问题吗，还是认为这是个私密的、可耻的问题？最重要的是，一定要考虑到青少年是否有机会以更健康的方式了解性。在家里显眼的地方留下一本关于性的好书，效果会很好。你也可以和你的孩子进行一次理性的讨论，我们已经在第四章谈过如何开启讨论。

在互联网上浏览色情内容会带来两种风险。第一个风险是，这种行为可能会上瘾。如果一个人反复接触过度刺激性的图片，同时限制这种接触的条件又不足，这就可能成为一个严重问题。在这种情况下，青少年需要外界的帮助。

第二个风险是，色情内容可能对性行为产生影响。色情图片往往贬低女性，如果这些图片暗示性暴力或虐待性行为是正常的，青少年会感到困惑。我们很有理由担忧那些接触色情内容的青少年，他们是否会对性产生扭曲或困惑的看法。很大程度上，这取决于家庭内部对性的态度，以及青少年是否有机会以健康的方式学习性知识。青少年的性发展似乎不太容易受到色情内容的影响，除非他们对色情图片上瘾；或有其他行为问题，强化了色情内容的影响。

要想让青少年远离色情，最可靠的方法是了解他们身上发生了什么，让他们知道和你谈论性是安全的。事实上，你的孩子在网上浏览色情图片并不是什么灾难，只有极少数的青少年会对色情内容上瘾。你和孩子之间的关系是最具保护性的因素，你能给予的支持越多，越能公开讨论这些事情，网上的色情内容造成伤害的可能性就越小。

网络猎艳和性骚扰

大量的青少年使用聊天室和社交网站，对他们来说，网上聊天是种令人愉快和有吸引力的活动，原因有二：一是它是一种结交新朋友的方式；二是它可以通过尝试不同的形象和身份来重新建构自己的形象。这两者对青少年来说都很重要。

如果青少年没有朋友，或者现实世界中的友谊一团糟，那么上网找朋友就是一种显而易见的选择。我们要知道，成人网上约会行业蓬勃发展，而且持续增长，所以并不只有青少年才上网来改善自己的社交生活！就自我认同发展而言，互联网再一次提供了实现这一目标的理想场所，还有哪里比一个自由和匿名的地方更能搞清楚你是谁呢？

话虽如此，网络猎艳的风险不容忽视。"网络猎艳"一词指的是网络猎艳者以青少年为对象，以性为目标，在网上引诱他们线下见面。这些人有很多策略，包括送礼物、给钱、同情，甚至提供模特工作等。猎艳者的目标是让青少年感到自己很"特别"，对此感到很舒适，从而就会愿意见面。

在英国，网络猎艳是非法的，网上猎食者可能会被起诉。最有可能被盯上的是那些脆弱的青少年、在家里缺乏支持和爱的人，以及那些急需来自家庭之外的"认可"的人。我们将在另一小节讨论如何在网上保持安全，在这里我想强调家长的作用。家长一定要确保跟孩子讨论过这个问题，讨论的主题要聚焦在互联网安全上，让你的孩子明白，你想要确保他们在使用聊天室和其他网站时的安全。最重要的是提供他们需要的支持。即使青少年把你拒之门外，也要不断地向他们传达这样的信息：你在乎他们，如果他们需要帮助，你会在他们身边。

网络霸凌

在某些方面，网络霸凌和前一章讨论的霸凌是一样的，但是有一些很重要的区别，这些不同使得网络霸凌更加令人痛苦，也更加难以处理。首先，网络霸凌可以发生在任何时间，白天或晚上，从这个意义上说，被霸凌者似乎很难得到保护。学校里发生的身体或语言霸凌中，至少受害者还可以逃脱，但在网络霸凌中，逃脱霸凌变得更难。

其次，网络霸凌通常涉及许多不同的人，当然它也可以被任何使用互联网的人看到。这使得网络霸凌特别具有威胁性，因为被霸凌的人完全不清楚哪些人知道这件事，也不知道有多少人牵涉其中。最后，网络霸凌可以是匿名的，受害者不知道霸凌的源头在哪儿。所有的这些特征都说明，网络霸凌是一种特别令人不安和麻烦的经历，那些被网络霸凌的人会感到无处可逃、无处可躲。

发送色情信息也是网络霸凌的一种方式，包括在网上向他人发送露骨的性信息，或发送他人裸照、胸部或生殖器等身体部位的照片，等等。如果以这种方式发送色情信息，我们用处理其他网络霸凌形式同样的方法去处理。然而，发送色情信息并不仅限于霸凌。据我们所知，色情信息也被青少年用来调情，或者用来吸引潜在的伴侣。以这种方式向他人发送露骨的性内容是违法的，但这似乎并没有阻止青少年使用色情信息来达到这一目的。

现在说一种典型的情况，即一个女孩可能真的想让某个男孩喜欢她，为了吸引男孩，于是她给他发了一张自己性感撩人的照片。她没有考虑到的是，一旦照片传到网上就再也无法删除。这个男孩为了鼓吹自己，所以他把这件事告诉了他的一个朋友。用不了一天，学校的大部分人都看到了这张照片。所以，年轻人在处理网络世界的问题时需要指导，要学会保护自己。

那么对于网络霸凌，我们能做些什么？网络霸凌非常严重，它会对个人造成伤害，这种伤害甚至可能是毁灭性的。家长们面临的问题是，当这种情况发生时，可能很难发现。青少年可能会感到羞耻和无助，但因为各种各样的原因，他们也许不会向父母透露他就是这种霸凌的受害者。

青少年不应该自己一个人处理这些事。如果任何成年人意识到青少年正在遭受这种类型的霸凌，应该帮助他找一个能讨论此事的人。青少年应该保留任何羞辱性的短信或信息的复本，不回复任何羞辱性的信息或电子邮件。如果有必要，他们可以从社交网络上删除自己的个人资料，或者屏蔽电子邮件和信息的来源。最重要的是，青少年和家长需要一些有用的建议，帮助他们用最好的方式处理这种情况。

这是一位母亲的经历，充分说明了父母和青少年之间保持顺畅沟通是多么重要的一件事。

能聊得来的好处是，比如在家里，有事时你就能帮到他。我儿子认识了一个人，我忘记了具体的细节，但不管怎样，这个人开始给他发威胁短信，于是孩子告诉了我和他爸爸，这是件好事。我们说："好的，没关系，我们来告诉你怎么办。"（你做了什么？）我和丈夫发现，可以屏蔽这些信息，所以不管他说什么……你一定明白我的意思。我们意识到学校里有这样一个人，他也在对其他人做同样的事情，整个过程真的很有威胁性。我说："千万不要回复这些信息。"我一开始甚至不知道该如何屏蔽信息，但我们解决了这个问题，这件事就结束了。感谢上帝，孩子确实告诉了我们："我这里有个问题，我自己不知道该怎么处理。"是的，你一直在告诉他们，不是吗？你不必总是自己处理问题，有时你需要去找别人说："我有个问题，需要帮助。"

父母能做什么

正如我在这一章中一直强调的,如果有可能的话,父母参与其中将会有所助益,因为父母扮演着重要的角色。然而,对许多人来说,这似乎是一座横亘在面前的高山。有三件事让家长们感到特别为难:

• 网络技能差距。在许多人看来,青少年更理解网络世界,而成年人并不理解。青少年在前面带路,似乎很清楚自己该做什么,而父母则赞叹不已地看着这一切。

• 未知领域。除了技能上的差异,互联网上的一些东西看起来就像是一门外语,旁观者很难理解一些在线游戏的内容。对许多父母来说,它似乎是另一个难以企及的世界。

• 推开父母。在某些情况下,青少年抗拒父母的参与。一些青少年在某个阶段会推开父母,希望父母能离自己多远就离多远。在这种情况下,父母确实很难找到跟孩子的共同语言和保持对话的方式。

这些障碍似乎难以逾越。然而,如果想让青少年得到他们所需的支持,父母必须克服这些困难。如果青少年想在网上保证安全,他们需要得到父母的帮助。怎样才能做到这一点?在此我列出了父母积极应对网络世界挑战的三个要素:

- 监控孩子的媒体使用；
- 根据孩子的年龄和能力选择应对方式；
- 保证孩子上网安全。

监控孩子的媒体使用

媒体监控指的是父母监督子女使用互联网的行为。父母的反应将取决于他们的焦虑程度和教养方式。如果父母倾向于专制风格，他们会想要制定规则并大权在握。如果他们倾向于放纵风格，他们可能会让孩子自己来解决问题。

第三种风格，我在第二章中提到的，是权威式教养方式。这种父母将倾向于与孩子合作，用最明智和可接受的方法来解决问题。权威风格的父母不会羞于谈论隐私和安全，但也不会尝试并强制执行自己提出的方案。他们相信青少年需要独立，但也会明确自己的担忧，这些家长最有可能找到一种双方都能接受的方式，和孩子一起思考什么是最好的。

毫无疑问，网络世界给父母们带来了特殊的挑战。然而，父母的反应，如果可能的话，应该与孩子面临其他威胁或问题时的反应大致相同。

在关于媒体监控的讨论中，要区分两种不同的方法：

- 积极调解；

- 限制性调解。

两者的区别类似于之前提到的父母的教养方式。从本质上讲，积极调解包括与孩子合作，并一起想办法解决问题。例如："家长帮助孩子学习在网上感到不舒服时停下来的方法。"你们可以想象，限制性调解则意味着更多的控制。例如："家长持有安全密码，防止青少年从网上下载任何未经家长审查的资料。"

有证据表明，青少年对积极调解的反馈最好，他们能够参与决策，并清楚地知道父母并没有从他们手中夺走控制权。尽管如此，父母还需要注意，选择的方法应该适合孩子的年龄，这是我们接下来要讨论的话题。

根据孩子的年龄和能力选择应对方式

家长应根据孩子的年龄和能力来调整调解和监督的类型。简单地说，对于6～10岁的孩子来说，应该有更高程度的限制性措施，随着他们进入青少年时期，再逐步引入积极的调解措施。

话虽如此，对于父母而言，孩子在不同年龄应该做什么并没有硬性规定。每个孩子都是不同的，父母应该根据孩子个人的需求做出适当回应。例如，一个10岁的比同龄人成熟的女孩可能希望在如何管理其网上活动方面拥有话语权；另一个同龄的女孩却可能需要一个更结构化的方法，更严格的界限，更多关于如何保持安全的建议和指导。父母需要综合考虑孩子的年龄及其个性和能力特点，在积极调解和限制性调解中找到平衡点。

尽管孩子的年龄确实会影响父母的决策，但在青少年时期，来自父母的指导仍是必不可少的。即使是那些11～14岁的青少年，同样也需要指导。例如，青少年并不总能意识到，一旦信息或图像被发到网上，就无法撤回了。即使青少年可能知道这一点，但却很容易忘记。

这是一个教师常让青少年做的练习。让一个孩子拿一张纸，把它揉成一个球，接下来把纸展开，再把纸压平，想办法让褶皱和折痕都消失。当然，这是不可能做到的。这个练习是一个具体的例子，意味着一旦图片出现在互联网上，就再也不可能了无痕迹。在家里也可以试试这个练习！

保证孩子上网安全

这个问题没有简单的答案，我们没有魔杖可以挥舞，无法自动保护孩子免受网络世界带来的所有威胁。然而，这就是生活的现实，我们不可能在任何时候和任何情况下都把孩子保护在我们的身后。他们必须走出去，了解这个世界，发展各种能力，应对可能出现的伤害。网络世界也是如此，父母的作用不是给孩子提供温室以保护青少年免受伤害，而是帮助他们发展应对威胁和危险的技能。

作为家长，有四种主要方法可以帮助孩子在网上保持安全。

- **鼓励你的孩子"三思而后行"。**

最重要的是,在网络世界里没有隐私。有人曾经说过,如果你不想把它印在t恤上然后穿着它走在大街上,就不要把它放到网上。虽然孩子可能觉得他们只是在和朋友聊聊天,但事实并非如此。无论他们说什么,发送什么信息,上传什么照片,无论是谁,只要能上网就能看到。父母应该不间断地与孩子讨论隐私问题,提醒孩子上网时记住"小心使得万年船"。

- **了解相关科学技术以更好地保护你的孩子。**

在本章的前面,我引用了一位母亲的故事,她的儿子收到了威胁信息,她不知道其实儿子可以屏蔽信息,但她和她的丈夫最终解决了这个问题。在这方面,技术可以提供许多帮助,包括对不安全资料的弹窗提醒、家庭友好的过滤软件、屏蔽功能,以及向用户发出危险警告的其他机制。父母可以和青少年一起了解那些可以保护用户的科学技术。

- **针对孩子上网时间设置界限。**

我已经在"网络游戏"中谈论过,通常建议在上学的日子里孩子每天玩游戏时间不超过1个小时,在周末和假期里可以增加一倍。还有人建议,出于健康考虑,每个人应该每隔半小时离开屏幕休息一下。现在存在的一个更大的问题是,随着智能手机的出现,以及网上家庭作业或其他网上活动的增加,很难限制青少年的屏幕时间。所以,现在许多专家认为,关键是看青少年在网上做什么,而不是看他们花了多少时间在网上。然而，我们必须承认，网上的各种活动更让人难以抗拒，孩子可能很难自己设置界限，这就是父母的用武之地了。如果父母能在家里创造一种安全的模式，对网络游戏等活动有明确的限制，这将有助于青少年学会为自己负责。

- *参与青少年的网上活动。*

不可否认，这是很大的挑战，家长很难持续参与青少年的网上活动。我的意思并不是父母必须坐在孩子身后，每隔五分钟就探头看一眼。但是，家长有必要保持参与，因为这样你可以了解青少年在网上花了多少时间，并大概知道孩子的网上活动范围。在关键时刻，这可以让家长就此话题有话可说，在适当的时候态度坚定，并表现出对孩子的关心和关注。

WHY WON'T MY TEENAGER TALK TO ME?

为什么我的青春期孩子不和我说话?

第七章
如何应对孩子的冒险和挑战行为

在这一章里，我打算讨论一些最困扰父母的话题。在这本书中，我提到过一些问题，如霸凌、抑郁、不合适的朋友等，这些都值得关注。然而，在这一章，我打算谈一谈最困难的问题。虽然我无法处理父母们全部的担忧，但是我还是打算讨论一些与冒险和挑战性行为相关的内容。

下面这些问题家长们关注较多：

- 青少年为什么对风险的认识不足？
- 某些青少年会比其他人更爱冒险吗？
- 帮助青少年避免危险行为，父母可以做什么？

我们的讨论将涉及四个方面，包括：什么是冒险行为；为什么青少年会比其他年龄段的人更爱冒险；冒险行为和探索性行为之间的区别；最后，保护青少年避免冒险行为的因素有哪些。

在讨论这些问题之前，我想简单介绍一下STAGE框架。与前几章一样，该框架的所有方面看起来都同样适用于冒险主题。首先要指出的是代表重要性的S（Significance）。如果我们在考虑如何保护青少年以避免其参与严重或有害的冒险行为，那么毫无疑问，父母的作用是关键。T（Tow-way communication）代表的双向沟通也有一定的作用，青少年越没有机会与身边的重要成年人交谈，就越有可能被拉进"不合适的朋友"圈子，保持沟通渠道的畅通是一个特别重要的保护性因素。同时我们也看到了 A（Authority）代表的权威，使用权威教养方式会影响父母在多大程度上能影响青少年的生活。正如你所看到的，STAGE 框架里有无数的方式可以帮助我们理解青少年行为的各个方面。这一点在冒险行为的主题上体现得最为明显。

冒险行为

什么是冒险行为

　　这个术语的含义很广泛，可以用来描述许多类型的行为。冒险行为可以包括青少年随意发生的性行为、酗酒或吸毒，在极端情况下，"冒险行为"一词也可能被用来描述夜间沿着铁道线行走的行为。显然，这些行为所造成的风险是不同的。

　　冒险行为是对个人存在潜在伤害的行为。然而，从轻微或有限的伤害到非常严重的伤害，这是一个连续的过程。在聚会上吸食大麻，与偷车开走或露宿街头，是截然不同的两码事。所以重要的是要搞清楚什么是所谓的冒险行为。

　　理解行为发生的背景和环境也很重要。有些行为，如酗酒，单独一个人酗酒可能比大家一起酗酒风险更大。再比如，夜间在外面待到很晚，在危险区域这么做会比在家附近的熟悉区域更危险，因为在家附近时邻居们随时能看到发生了什么。

将"冒险行为"一词应用到青少年身上时，最令人担忧的一点是，它可能被人们视为这个年龄段所有人的问题。如果成年人认为所有的青少年都是鲁莽或不负责任的，这对青少年群体和整个社会而言都是有害的。重要的是，并不是所有的青少年都喜欢冒险，有些冒险行为的危害性很大。

为什么青少年爱冒险

有些（但不是所有）青少年可能会参与冒险行为，这是有充分理由的。其中一个原因与青少年的大脑发育有关。正如我在第二章中提到的，最近的相关研究让我们对青少年的大脑发育有了更深刻的了解。虽然在青少年时期大脑发育迅速，但我们发现，大脑各个区域的发育速度并不相同，比起与情感、兴奋、奖励和新体验的兴趣相关的区域，与思考和推理相关的区域成熟得更为缓慢。

这使得研究人员得出结论：在一段时间内，青少年可能更倾向于冒险。在这段时间里，青少年不太可能去思考未来、做计划、考虑其行为的长期后果。青少年似乎更"活在当下"，觉得自己天下第一，认为冒险行为的负面后果并不会发生在自己身上。这就是一些青少年对风险认识不足的原因之一。

下面是一位父亲的看法：

记住，他们仍在学习，还不够老谋深算，他们不会意识到还有明天。我确实觉得青少年认为今天是唯一的一天，然而作为父母，我们知道生命要比这长得多。我想，当你在15岁左右的时候，你也会觉得自己什么都懂，直到多年以后，你才会突然意识到原来自己什么都不懂！

我还是要强调个体差异非常大，并不是所有的青少年都会冒险，即使是那些冒险的人也不一定会受到重大伤害。尼古拉·摩根（Nicola Morgan）写过一本关于青少年的书，名叫《怪我的大脑》（*Blame my brain*）。不过，我们必须对这种类型的想法持谨慎态度，因为影响青少年冒险行为的因素有很多，大脑只是其中一个。为什么只有部分青少年喜欢冒险？为什么青少年会有这样的差异？还有哪些因素造成了这样的差异？

其实，还有两种因素与男孩的冒险行为密切相关，它们是同辈压力和低自尊。我们要知道，同龄人群体的影响力非常大，那些低自尊的青少年比那些高自尊的人更容易受到同龄人群体的影响，更可能被具有冒险性的同龄人群体所吸引。

为什么会这样呢？如果一个青少年的自我价值感特别低，他们就会想办法交朋友并寻求同伴的接纳。而冒险行为是一个容易被同龄人注意和喜欢的途径。低自尊的青少年则很容易被那些不够理智或不够负责任的同龄人所吸引，他们自己喜欢冒险，也鼓励其他人这样做。

正如我一直强调的，许多因素会影响青少年的冒险行为，这些因素通常会共同发挥作用。大脑发育的特定阶段、低自尊和同辈压力这三个因素结合在一起，导致了冒险行为的发生。在我们研究如何保护青少年之前，先来看看探索性行为和冒险行为之间的区别。

如何区分探索性行为和冒险行为

许多评论家指出，青少年时期的一些冒险行为可能有其积极的价值，原因如下：青少年正处于学习如何安全生活和保护自己免受伤害的时期，就像一个蹒跚学步的孩子必须知道火是危险的一样，青少年也必须知道如何保护自己免受毒品和酒精的危害。那他们是怎么做到的呢？他们当然不会仅仅因为有人告诉他们饮酒过量是危险的就学会了，他们必须从自己的经历中学习。

正因为如此，区分冒险行为和探索性行为变得很重要。那些有关于学习的行为，不会对安全或健康造成太大风险的，都可以归类为探索性行为。青少年可能会问自己："我喝多少酒是安全的？"这是合理问题。许多青少年都会在某个时候喝太多酒，而大多数人都会从实践中吸取教训。这样的行为显然是其成长的一部分，也是学习过程中必不可少的一部分。

这些行为与青少年参与那些可能造成严重伤害的冒险行为并不相同。从这个意义上讲，经常吸毒、酗酒、与陌生人发生不安全性行为，以及其他类似的冒险行为，都与探索性行为截然不同。作为父母，区分这两者非常重要。在学习过程中承担轻微风险与持续的、严重的冒险行为并不一样，如果你能认识到这一点，并相应地调整你的反应，你就更能处理好和青少年之间的关系。

这是一位母亲所讲的故事，某一天她的女儿喝了太多的酒：

> 有天晚上她确实喝得酩酊大醉，真是愚蠢极了。她待在朋友家，朋友的父母都出门了。他们一开始先喝了威士忌，一干而尽，一切都好，什么事也没发生。然后他们又开始喝别的酒，喝完之后又喝别的。朋友的父亲在凌晨2点打电话给我，他对此非常抱歉，而喝酒仅仅是其中一件事。我问他们需要去医院吗，他说不需要。我凌晨赶去了那里，对她大喊大叫，我们都哭了，她病了好几天。我对女儿说："你可能真的会死在那里。"她确实做得太过分了，这可能吓到了她。她病了好几天，我想从那时起，她可能会喝一杯，但我不认为她会再喝到醉醺醺了。从某种程度上讲，这可能是一件好事。

如何帮助青少年规避冒险行为

从所有关于父母角色的论述中，我们不难发现，家庭是防止孩子严重冒险行为最主要的保护因素之一。许多研究表明，冒险水平较低的青少年背后往往都有父母的支持。换句话说，那些参与严重冒险行为的青少年，很可能是那些家庭没有或无法提供支持和帮助的青少年。家里越重视青少年，越是倾听他们，家庭就越有可能对他们起到保护作用。

我在本书前半部分提到的所有因素都有助于青少年免受危险行为的伤害。当父母能够为孩子设置限制和界限，而且孩子们感兴趣并参与其中，能够以与年龄相符的方式发展自己的自主性时，他们就不太可能以冒险的方式行事。

当然，情况并不总是如此。在下一节我给大家提供的挑战性行为的例子中，父母们都已经尽了最大的努力来支持他们的孩子。有些青少年尽管得到了家人的全力支持，可他们的日子还是不好过，所以一定还有其他因素在起作用。总的来说，我在第二章所描述的权威式教养方式给青少年带来了更好的结果。

再强调一次父母是孩子的榜样，从这个意义上说，最重要的可能不是你说了什么，而是你做了什么。青少年对父母的行为极为敏感，他们也对任何虚伪的事情保持高度警惕。比如父母给孩子上完安全饮酒的课，自己却在酒吧里喝了太多啤酒，或者在一餐里喝了太多葡萄酒，这对孩子可没什么好处。

父母对待风险的态度通常也会影响孩子。当父母开车无视限速的交通规则时，青少年看到的是一个冒险的成年人。一项关于年轻吸毒者的研究显示了一个有意思的结果，这些年轻人的父母自己并没有服用非法药物，但他们从事了其他类型的危险行为。

青少年会受父母行为的影响，在最好的情况下，父母是抵御风险最强大的保护因素。然而，如果父母自己就是冒险者，他们就不能指望孩子不受其行为的影响。

当然，还有其他因素可以帮助青少年规避冒险行为，比如学校、社区和朋友。关于朋友可以起到保护作用这一点，某项关于离婚对青少年影响的研究是一个很好的例子。研究表明，青少年更容易适应不用搬家的离婚情况。原因是，如果举家搬迁，孩子就会转学，失去现在所有的朋友。但如果他们待在原地不动，就不会失去现在的朋友。因为在大多数情况下，朋友可以提供必要的支持来应对父母离婚带来的压力。

学校和社区也可以是保护因素。一所学校如果能吸引学生，并为所有人提供机会，就不太可能出现高频率的旷课或问题行为。而一个能为青少年提供资源的社区，如体育俱乐部和社区中心，也将减少该地区青少年陷入各种麻烦的可能性。

在结束这部分内容之前，我要再强调一次，许多因素在保护青少年规避风险上发挥了作用，而家庭是最重要的因素，尽管在某些情况下，即使是最具有支持性的家庭也难免要应对青少年重大的挑战性行为。最后，我来讲讲我们可以从这样一些家长的经历中学到什么。

挑战性行为

在这部分，我将详细介绍三个极具挑战性行为的例子。下面的三个家庭都接受了我同事的采访，并且都同意我们使用他们的故事，所有的名字都已经做了更改。正如你将看到的，他们都面临着麻烦和令人烦恼的青少年行为，从每一个例子中我们都可以吸取重要教训。

逃学、不上学

安妮的故事

我无法忍受长时间的无所事事，当家里所有的人都忙着，做着各种各样的工作，而你的孩子却整天躺在床上。如果不打扫他们的房间——这招可能比较妙，家里主事的人就会进入孩子房间并阻止孩子继续躺下去。而长时间的抑郁也很难对付。我记得自己抑郁的时候，我并没有享受其中，我也并不期待那样，但我利用抑郁的那段时间，读悲剧小说和暗黑诗歌，但对他来说，似乎没有那种发泄的途径。他似乎什么都做不了，也没有任何精力去帮助自己摆脱抑郁。他不上学，这对我们所有人来说都是巨大的压力。

早上醒来时，很难想象他是否会起床。如果他起床了，他会去上学吗？如果他去上学，他会签个到然后就逃学吗？老师们会从学校打来电话说他不在，或者他做了什么，诸如此类。教育相关人员不可避免地会来敲你的门，你回答不出他们的问题，你不知道他在哪儿。在你希望他在学校的时候，他却跑出去了，这真的很难。当天气发生变化，而你知道他在公园里走了一整天，只穿着一件小夹克，不知道在搞什么鬼，这真的很难，无论是对他还是对我们。

（你是怎么处理的？）我觉得我处理得不够好。反思一下，也许一个人真有不知道该如何处理的时候。你面对的是一个人，一个不会告诉你任何关于他们事情的人，很多时候这感觉就像一头撞到了墙上一样。我不够坚定，我生气过，我爱过，我又生气了，然后我又对他充满爱意。我不喜欢我这种做事方式，但我不知道还有什么其他的方式，因为我们都在受苦。

很多时候，你会觉得这是有人在故意针对你。你会想："我做了什么，你竟然要这样对待我？"这是最痛苦的部分。你开始拷问自己："我什么时候伤害了他？我什么时候做了可怕的事，让他用这样的方式对我？"当然，这不是他的原因，也不是你的原因。他只是想告诉你一些事情，而你却不明白他在说什么。我希望我能更坚定一点，但那只是个痛苦的愿望。

这件事把我身上隐藏的不为人知的东西带了出来。我很生气，我想杀了他，真的。现在大家都在笑，但这是真的。有一天我回家——我刚下班，那天压力特别大——我以为他去上学了。无论如何，我沿着路走回家，看到他就坐在这条长凳上。我的心沉了下去，我想："哦，不，又来了。"我走过去对他说："听着，你答应过我，星期五要去上学的。"他瞪着我，神气十足地说："是啊，但是我没说是哪一个星期五去上学。"

我的手伸向他的喉咙，但是他又高又强壮，我一路追着他、踢他、打他，诸如此类。这是公共场合，我真的很想伤害他。后来他跑掉了，待在外面。我从未意识到我是这样的暴力。我不是一个暴力的人。我不使用暴力，我不需要暴力，但是你看……我打电话给教育心理学家，告诉他我的所作所为。他说："孩子想要知道如果一直逼你，你的极限会在哪儿，现在他知道了。"我们在电话里谈了一个小时，这让我平静了一些。太可怕了。

（它对你个人有什么影响？）我学到了很多东西。我觉得，尽管像我说过的那样,我确实有合理的同理心,我也试着回忆我自己青少年时期的样子,我学到了更多关于孩子的事。我真的应该去做心理咨询什么的,因为我觉得我能帮上忙。我有很多十几岁的侄子和侄女,他们都喜欢找我。我可以为他们做一些事,做些儿子最需要我的时候而我无法帮到他的事。

(是谁或什么帮助了你?)我有一个非常好的姐姐和姐夫,他们有一个比我儿子小一岁的"野"孩子,能够和他们分享经验对我很有帮助。自从我们的孩子进入青春期后,每当我们其中一个负担过重时,我们都能把重负卸到另一个身上。我儿子找到了可以向他们求助的途径,他们的女儿也找到向我求助的途径。这帮了我很多。不管他做什么,我一直都相信他。我一直相信他是有能力的,希望这种情况只是暂时的。我太关心他了,不想让他堕落下去。但他必须振作起来,为自己做努力。有时候你只是需要有人拉你一把,我对他很有信心。

(你会给处于相同境遇的人什么建议?)也许我能想到的第一件事就是:"待在那儿。"大多数孩子在成长过程中表现得很好,没有任何理由,就因为你觉得自己的孩子是最糟糕的,而他就真的变成了最糟糕的,其实他真的不是。你要稳住,坚持住。他没有问题,试着去听他们真正在说什么,这是世界上最困难的事情。这是我给你的建议,但是相信我,我不知道你会如何接受这个建议,因为你可以做世界上最好的倾听者,但你却听不到他们在说什么。

吸毒、药物滥用

苏珊的故事

对我女儿来说,最明显的事情就是经常丢钱,还有怪异的个人行为。她在上学方面有很大的困难。尽管她的智商不低,但在普通中等教育会考之后,她的生活就不安定了。她总是在寻求冒险,生活变得支离破碎。她会消失几个小时,然后回来。她会坐在椅子上,然后突然惊跳起来,这意味着她刚刚进入了深度睡眠。你试着去叫醒她,却又开始为你十几岁的孩子找借口。你对自己说:"你知道,她头痛了,或者她昨晚过得很糟糕。"你不太喜欢她的朋友,因为和她交往的人并不是你期待她去交往的人。她也会为自己找借口,可你知道那是不对的。

(你是什么时候发现这个问题的?)要去找出你存疑的事。比如,如果你家里有一个青少年,你认为他可能在吸毒——这就是你在找出要找的东西。比如,如果一个人沉溺于毒品,那么你需要注意的是,他可能会经常感冒,经常擤鼻涕,还经常丢钱,房子里的东西也会丢。虽然你认为他们不可能酗酒或吸毒,但你会想:"还能是什么呢?"

你当然不能相信他们。这是一件非常痛苦的事情。无论你走到哪里,你都得带着你的钱包,就连睡觉也要带着钱包。这是一种肮脏的感觉。这个孩子,你曾经可以带她去任何地方,很安全,但这个行为良好的孩子现在变成一个你不能带她去别人家的孩子,因为他们有可能会神游天外了。

（你是怎么处理这一切的？）我试图掩盖，假装它没有发生。但最终纸包不住火。我偷偷溜到全科医生那里，没让孩子知道。我要求医生不要给孩子任何药物，因为他们会滥用药物。我们到处寻求帮助，但是没有任何人能给我们所需要的帮助。什么都没有，绝对没有。最后她去了一家特别的诊所，但这让我有点震惊，因为这是一家精神病院，一家非常破旧的精神病院。

虽然他们在帮助她逐步戒毒，但我没有得到任何帮助。我认为没有人能帮助我。因为作为父母你会感到内疚，你会认为如果我没有做这件事或没有做那件事，孩子还会这样吗？内疚是如此的沉重，你需要有人告诉你："不要再那样想了，因为你什么都没做。任何家庭都可能会发生这种事，这种事可能发生在一个来自破裂家庭的孩子身上，也可能发生在一个非常安全的家庭里。"当这种事情发生时，你需要有人帮助你。

（它对你个人有什么影响？）它让我更加了解人们的行为。我总觉得我该为我女儿的行为感到羞耻。我总是试图在家庭之外掩盖这件事，我会对邻居们说："哦，她正在经历一段糟糕的时期"，为她的行为找各种借口。当一切都说出来后，人们的反应让我很惊讶。人们对这个问题并不那么反感，通常你会发现很多人都有这些问题，但是大家都把问题藏起来了。把问题藏起来，你就会变得对自己苛刻。如果你敞开心扉，让人们知道，人们是非常友善的。

离家出走、夜不归宿

克里斯汀的故事

我的小女儿在12岁时意识到自己是被收养的,于是开始"造反"。那时候她的父亲病了,祖父刚去世,她非常爱他。她只是感到孤独。我想她觉得我没有时间陪她,她被生母抛弃了,我也忙着应付生活。她非常叛逆,开始大发脾气,变得非常暴力。和她姐姐打架,然后和她的朋友们出去玩,超过我允许的时间才回家。她每天晚上都出去。这很难处理。但她最后还是会回家。我们把事情搞清楚了。她花了两年的时间走出了这个创伤——她认为我不爱她,我也认为她不爱我。

我去了学校,因为她缺课了。他们说他们很忙,这是社工的工作。尽管如此,我们都接受了社工的访谈,其实我们都不喜欢我们的私生活被人窥探。我的丈夫当时病得很厉害,我很累,我想最好的办法就是离开一个星期左右。我咨询了家庭医生,他同意这对我们俩都有好处。我和丈夫确实出去度假两个星期,当我们回来的时候,我的小女儿说她很想念我。我感觉自己重新充电了,我更能应付当时那种情况。我们俩都决定,我们不想再让家里受到任何外界影响。我们让社工离开了,开始重新亲近起来。

一些有用的建议

这三个故事包含了惊人的洞察力和智慧。每个母亲都不得不应对我们想象中最困难的一些青少年行为,但她们都从自己的经历中学到了东西。我将从这些非凡的故事中总结出一些要点。

- 不要害怕分享问题,不要害怕寻求帮助。

对正在发生的事情感到羞耻很正常,但是把问题隐藏起来对家庭和青少年都没有帮助。苏珊发现,当人们知道她女儿吸毒的事时,他们就表现得很善良和乐于助人。

- 记住,在这个问题上你不是一个人。

你可能会觉得你的孩子是有史以来最糟糕的青少年,但他当然不是。许多其他家庭也会有问题,如果这些问题可以共享,管理起来就会容易得多。

- 许多父母都会有负罪感。苏珊说得很清楚,必须克服负罪感。

和别人谈谈你的感受,让他们正确看待你。你可能会觉得青少年的不良行为是为了惩罚你,但这并不是问题的根源。

- 如果可能的话,一定要善于借用其他成年人的力量。

安妮的经验是,她能帮助她的侄子和侄女,而她的姐姐姐夫可以帮助她的儿子,这很惊人,这是一个很好的例子,说明父母能够在直系亲属之外获得更广泛的支持。

- 克里斯汀的故事给我们上了重要的一课。

她很累,压力很大,应付不下去了。她离开女儿,做了休整,然后神清气爽地回来了,这是母女关系中的一个重要转折点。

- 安妮的话让我很震惊:"他想告诉你一些事情,但你不明白他在说什么。"

在她的故事的结尾,她建议你试着去倾听青少年真正在说什么。这很难做到,但包含着真理。很多问题行为反映的都是年轻人所经历的痛苦和悲伤。

- 最后,不要放弃。

正如安妮所说:不管他做了什么,我一直都相信他。稳住,坚持住,永不放弃。对你十几岁的孩子要有信心,并不断寻找有帮助的方法,不管是对孩子还是对你自己。如果你放弃,青少年就会迷失方向。如果你坚持下去,不管有多困难,这个青少年都会挺过来的。就像苏珊说的,似乎找不到什么帮助,但在某个地方,总会有人能提供帮助。别放弃!

WHY WON'T MY TEENAGER TALK TO ME?

为什么我的青春期孩子不和我说话?

第八章
离异和重组家庭相关问题如何处理

我的爸爸妈妈已经分居了，我妈妈住在小镇的一头，我爸爸住在另一头，如果我想的话，我可以随时去找他们。就像以前一样，如果我和妈妈吵架了，我就来爸爸这儿住。我所有的朋友也都在附近，有些人的父母也是这样。有时我去朋友家住，或者她们来我家住，我和朋友们对这件事都不用讳莫如深。

——一位15岁的女孩

父母分居、从妈妈家搬到爸爸家、朋友们的父母也离婚了，在这个女孩的世界里，似乎这些都不是什么大事。这个家庭正在发生变化，许多读者意识到了这一点。离婚、分居、结识新伴侣和重组家庭是当今许多人生活的一部分。尽管这种情况可能很常见，但这些父母和青少年仍然面临许多困难和挑战。在本章中，我将讨论其中一些困难，同时也将谈谈重组家庭的积极影响。

这个主题也很大，要想把一切都涵盖到很困难。这里，我们将讨论以下主题：

- 离婚及其对父母和青少年的影响，如何降低家庭破裂带来的伤害；
- 继父母和新伴侣；
- 单亲父母。

首先，我们简要回顾一下STAGE框架及其对离婚和变化中的家庭的影响。

STAGE框架与我本章要讨论的很多问题相关。在离婚期间或离婚后，父母的重要性、良好的双向沟通以及适当行使父母的权威，这些都是父母与青少年保持积极关系的关键因素。虽然这些都很重要，但我最想强调的是情绪E（Emotion）。当考虑到家庭破裂带来的结果时，很明显，在这样一个重大的过程中，任何一个孩子或青少年的情绪都会受到巨大的影响。因此，我们需要慎重考虑该框架中的情绪。

我们知道，在青少年时期，由于大脑的变化，在任何情况下青少年都可能会出现情绪管理上的困难。然而，当父母离婚这样意义重大的事情发生时，情绪调节的困难程度就会被放大。因此，父母必须考虑到家庭组织的重大变化给青少年所带来的情绪改变。成年人需要认识到，青少年对此可能会产生痛苦和困惑的感觉。一些家长可能不想承认青少年的这种感受，对此我们可以理解，但这只会让痛苦加剧，因为回避当下的情绪只会在后期导致更多的问题。任何经历家庭破裂的成年人在考虑青少年需求时，都应该仔细考量这种情况下的情感因素。

父母离婚会带来哪些影响

对所有受离婚影响的人来说，离婚都是重大的人生改变。它通常会带来家庭生活各个方面的改变，包括住房、财务安排、对每个家庭成员的支持、家务的分配以及许多其他的事情。对部分人来说，离婚可能会带来好处，但离婚几乎肯定是段痛苦和伤心的经历。最关键的一点是，离婚并不是一个独立事件，而是漫长过程中的一部分。要理解离婚及其影响，则要考虑离婚之前发生了什么，以及父母分居后还会发生什么。如果离婚前父母之间有严重冲突，一旦分开，孩子们可能会感到一丝宽慰；但如果在离婚后父母之间的纠纷和争吵仍在继续，对于儿童和青少年来讲将会更难适应。

一些青少年在父母离婚后，刚开始可能会感到不安或痛苦，但最初的冲击过去后，他们可能会适应得很好。也有一些孩子在父母离婚早期可能看起来很好，但影响却越来越大，这可能是由于孩子与离开家庭的父母一方的关系发生了变化。

父母经常问的一个问题是，离婚时孩子的年龄对他们后来适应父母离婚有影响吗？下面是两位家长的看法。

我认为一个关键的因素是，我们离婚的时候，孩子已经大了。如果我们在他们七八岁的时候离婚，我想孩子们会适应得更好。但我大儿子当时16岁，我后来意识到，这件事对他的影响比对小儿子更大。

其中一个最大的问题是，我和她的父亲在一个非常关键的时间离婚了，当时她正好处在一个情绪化的阶段。当时她10岁，她无法接受我们分手的事实。

显而易见，人们受个人经历的影响很大。年龄确实有影响，因为孩子们的年龄越大，他们越有可能理解所发生的事。然而，青少年也会像年幼的儿童一样受到影响，尽管他们可能会用不同的方式表达痛苦。年幼的儿童可能会变得黏人、高需求，或者通过发脾气来表达他们的愤怨；而青少年可能会变得沉默寡言，或通过参与危险行为的方式来表达自己的怨恨。

年龄很重要，但其他因素也不容忽视，比如与离开家庭的父母一方的关系，以及父母之间持续冲突的程度，都可能与年龄产生同样大的影响。

这就引出了一个问题：孩子是否有可能成功地适应父母离婚这一境况。答案是肯定的——当然有可能。然而，许多因素牵涉其中，很大程度上取决于家庭具体情况以及分居后孩子与父母双方的关系。下面是一位父亲的经历。

是的，效果不错，我们很幸运。我认为我们很幸运，因为我们已经成熟了。我们离婚的时候，没有第三方介入，我们甚至从来没有见过律师，我们在网上做所有的事情，下载表格，填表格，签名，付了180英镑的诉讼费，就是这样！我们做事方式略有不同，比如对待家庭作业，但我在努力向她靠拢，她可能比我更严格。我们有分歧，这并不奇怪，要不然我们怎么会离婚！但我们会讨论这些，或者说我被谈过了！现在我们离婚了，我可能会说更多我所想的，而不是以前做过的，做我们在一起的时候我应该做的事情。

所有证据都清楚地表明，父母离婚后，影响青少年适应性的最重要因素是：

• 母亲和父亲之间的关系；

- 青少年与父母双方的关系。

当然，还有其他的影响因素，比如不得不搬家和转学。与继父母或父母同居伴侣建立新的关系也可能会导致冲突和压力，许多家庭在离婚后会出现经济困难，这对青少年也有很大的影响，他们可能会抱怨钱不够用。

不管怎样，与亲生父母的关系才是最关键的因素。被父母拒绝的感觉确实太糟糕了，如果能与父母双方都维持良好的关系，孩子就有机会在父母离婚后获得良好的适应性，被拒绝的青少年总是会有很多痛苦和忧伤。

下面的例子是一位母亲在谈论她的女儿，以及女儿被父亲拒绝后产生的影响：

她无法接受她父亲已经不想认她了，她也不愿意接受，她试图为父亲对她漠不关心找借口，但父亲甚至根本不想见到她和她姐姐。我想她内心很受伤，不明白父亲为什么不想见她了。她意识到她父亲不再爱她了，心里一定非常难受。她不接受这一点，我觉得她心里还在做斗争。我认为这是她充满攻击性的原因，谁又能责怪她呢？

父母如何降低家庭破裂带来的伤害

有许多不同的方法可以减少或减轻家庭破裂对青少年可能造成的伤

害。在这里，为了帮助青少年适应家庭环境的变化，我们来谈一谈父母可以采取的具体步骤。

首先父母要让孩子为离婚做好准备，尽管准备工作很艰巨，但对任何孩子来说，这都会给他们带来很大的不同。正如一位青少年所说的：

就好像我们不存在一样，发生了什么事，并没有人告诉我们。他们怎么能忘记，这是在拿我们的生活胡闹吗？

这是非常重要的一点。这种事经常发生，成年人深深地陷入自己离婚的痛苦之中，以至于完全忽略了孩子们的需求。如果可能的话，孩子需要对即将发生的事情做好准备，他们越是被蒙在鼓里，其恐惧和焦虑就会越严重。一位母亲是这样说的：

你必须设法让孩子们知道这不关他们的事，因为孩子们常常有这种感觉，他们总觉得自己应该能阻止这件事，或者是因为他们做了什么父母才离婚。太令人惊讶了，我已经和孩子聊过这件事，他们就是这么想的。

父母们很容易就觉得孩子们听不懂，或者觉得自己说的会让孩子们不安。而事实上，被蒙在鼓里才更令人不安。对儿童和青少年来说，他们有越多的机会为即将发生的变化做好准备，情况就会越好。

其次是父母之间持续的冲突，正如我之前说的，离婚或分居后发生的事情至关重要，而最糟糕的情况就是，青少年觉得自己是父母冲突中的"夹心饼干"。

我想他们之间只有恨了，我知道他们有多恨对方，并置身其中，那真是太可怕了。他们一直都讨厌彼此，他们所做的就是把对方甩给我。我恨这一切，我真的恨这一切，我真的很迷茫，我什么都做不了。一开始我觉得他们离婚可能有一部分是我的错，我应该阻止它，但是，我办不到。但我总是这样想，我应该能够阻止它。

——一位18岁的女孩

在过去二十年中，许多研究指出父母持续的冲突会给孩子造成伤害。因此，现在人们普遍认识到要尽可能避免持续的冲突争端。与过去相比，父母在离婚前有更多的机会得到调解，这是一件好事。有关人员应向夫妇提供一切必要的支持，这样才能避免他们之间的持续冲突，特别是涉及儿童的冲突。

最后是开放，承认家庭破裂必然会带来痛苦的感受。一位母亲这样说：

如果离婚时孩子已经十几岁了，一定要对他们诚实，和孩子谈谈，尽可能多地谈谈。

这并不简单，需要勇气，但最终会带来很大的改观。所有的家庭成员都会为此感到不安，都会经历悲伤、失落、愤怒和对未来的焦虑，解决这个问题的唯一方法就是对青少年敞开心扉，允许他们表达自己的感受。这对成年人来说是痛苦的,但这是管理情绪的最佳方法。如果不允许孩子表达情绪,那么这种痛苦很可能会转化为挑战性行为或问题行为。

在一些家庭中,谈论这些事情可能非常困难,父母可能会觉得他们根本无法面对青少年的怨恨和失落感。也有些父母可能自己也处于这种状态,一谈起这些事,自己就先情绪失控了,在这种情况下,父母可能需要外界的帮助。

纸包不住火,向家庭以外的人寻求支持并不可耻。对青少年来说,如果能有机会承认和探索自己的感受,就会好很多。离婚是痛苦的,孩子在这一过程中获得的支持越多,父母在以后的日子里就越轻松。

身为继父母如何与孩子相处

几年前,这一节只讨论继父或继母就足够了,但现在家庭结构又有了新的变化,由于这个原因,我在这里把新伴侣也纳入讨论。这些人可能是与青少年一起生活的父亲(或母亲)的伴侣,也可能并不生活在一起,但仍然扮演着亲生父母的伴侣角色。本节适用于那些虽然不是亲生父母,但却与青少年建立了某种形式关系的成年人。

我得说说年龄,在前面,我说过,虽然孩子的年龄在适应父母离婚方面有重要影响,但其他因素也起着很大的作用。就继父母和新伴侣而言,他们在家庭中能扮演什么角色,几乎完全由孩子的年龄所决定。孩子的年龄越小,新伴侣就越有可能替代父母的角色,而对青少年来说,这种可能性就小得多。

稍后我会详细地谈谈继父母或新伴侣可以期望在家中扮演什么样的角色。但这里我要提醒最重要的一点，即孩子的年龄是关键。青少年对"分裂的忠诚"非常敏感，他们不希望看到继父母或新伴侣取代已经离家的父亲或母亲的位置。

我已经讲到了分裂的忠诚，这对孩子来说非常重要。不难看出，与同住父母的新伴侣建立关系，感觉像是"背叛"了离家的父母。这种顾虑也经常出现在如何处理两个家庭之间的差异的问题上，如果青少年轮流在双方父母家里住，两套标准和价值观之间很有可能存在矛盾，青少年在处理这些紧张关系时，很可能需要一些帮助。父母之间沟通得越多，在共同养育方面做得越好，孩子就会过得越好。

家庭中新成员的到来会引发强烈的情感波动，除非我们能认可并妥善处理，否则家里每个人的道路都将是崎岖不平的。显而易见，怨恨和嫉妒几乎难以避免。新的伴侣会抢走父亲（母亲）的时间和注意力，更不用说爱了，任何青少年都很难接受这种情况。父母和新伴侣越能承认这一点，并留出一段时间来调整，事情就越有可能安顿好。

同样重要的是，要给青少年为新伴侣的到来做好准备的机会，慢慢来，想办法让孩子了解新伴侣，长远来看，这样做真的很有效，但并不意味着一切都会进行得很顺利。不管怎样，让青少年有机会逐渐了解新伴侣很重要，在家庭发生重大变化之前，这种做法能为情感探索提供一定的空间。

接下来要说的是性。性在所有家庭中都是一个重要的问题，但在重组家庭中尤为麻烦。所有青少年都很难接受父母的性，在新的伴侣关系中，青少年必须面对性活跃的父母。由于嫉妒或其他情绪，性成了一个符号，象征了新的家庭安排中所有无法容忍的事。

如果青少年行为古怪，要考虑是否与性有关。为了避免听到晚上发生的事，有些青少年可能希望换卧室；当父母和新伴侣之间有任何身体接触时，青少年也可能会突然离开房间。不管这些反应看起来多么极端，对一些青少年来说，他们就是无法忍受离婚后父母亲新的性关系。

成年人应该仔细想想这方面的行为。很重要的一点是，你们之间不要有性挑逗，还要关上卧室和浴室的门，避免孩子看到你们赤身裸体。对成年人来说，对亲吻和拥抱等情感表达也要保持克制，注意保护隐私，在性这个问题上，父亲（或母亲）和新伴侣要对青少年在性方面的感受保持敏感性。

现在该到谈谈继父母或新伴侣角色的时候了。很多扮演这个角色的人会说，要把事情做好真的很难，他们中的大多数都有过被继子女拒绝、侮辱或刁难的经历。一位继父告诉我，他的继女曾经在半夜离家出走，因为她无法忍受她的母亲和一个她憎恨的男人睡在一张床上。

首先，继父母并不能替代亲生父母。继父或继母不能想当然地认为，自己的儿子或女儿可以接受的事情，也会被新关系中的孩子接受。生活的各个方面都是如此，无论是搂住孩子的肩膀还是批评餐桌礼仪。在大多数情况下，与自己的孩子相比，继父母不能与继子女有同样的亲密关系，也无法享有同样的信任，要接受这个事实。

其次是控制问题。对继父母和新伴侣来说，最头疼的可能是监管问题。从青少年的角度来看，新伴侣并没有和亲生父母相同的权利，但从继父母和新伴侣的角度来看，有时需要一定程度的监管，特别是当亲生父母不在家的时候。但这个问题只能通过讨论来解决，需要家庭所有成员之间一起协商。控制权可以授予新伴侣或继父母，前提是大家公开同意，青少年也认可这一做法。如果不这样做，分歧和怨恨就不可避免。

下面是一位母亲描述的情况，她和儿子以及她的新伴侣（也就是男孩的继父）正处于这种情况：

这就像两个雄性生物，他们突然……我丈夫把他看作威胁。直到一年前，我的儿子还只是埋头走路，去上学，总是低着头，然后突然间，他想要更多的发言权，很明显，他现在更支持我了，我的丈夫是这样判断的。我的儿子很好，他只是鞠个躬就走开，但是当（继父）走出房子，他会对我说："你为什么让他这样对我？"因为很明显如果是亲生父亲，孩子就不会这样做，不是吗？这让事情变得很困难，因为我感觉自己左右为难。对我来说，总是要一会儿站在这一边，一会儿又站在另一边，这太难了。这很有压力，因为我同意我儿子的观点，但另一方面，你知道，显然我也同意我丈夫的观点。所以我在中间左右为难。

这是一种艰难的处境。我们都能意识到，当一个人持续置身于这种情况时，会是多么的不舒服。而在这种情况下唯一可行的选择是：

- 所有受影响的人都承认问题的存在；
- 所有人一起进行公开讨论；
- 协商如何解决。

最后，一切都要慢慢来，尊重和理解最重要。现在我们再来谈谈继父母的角色，如果存在上述冲突，那么成年人几乎没有机会在青少年面前扮演建设性的角色。最好的情况是，继父母作为一个好朋友、一个陪伴者，能与他一起分享兴趣或休闲活动，为青少年提供有用的想法和观点，在适当的时候提供支持。最重要的是，对此继父母必须得慢慢来，退后一步，等着青少年来找他们。

当然，青少年和继父（或继母）成为好朋友也不容易，可能需要很长时间和很多的耐心，尊重和理解才能赢得友谊。几乎没有任何指导方针来定义继父母或新伴侣的角色，它是每个人通过自己的努力创造出来的。最成功的继父（或继母）往往是那些一开始就没有任何期待的人，这些人能把自己的需求放在第二位，顺其自然地让时间来解决问题。

单亲父母如何与孩子相处

离婚或分居后成为单亲父母时，情况会分外艰难。刚开始的时候，情况可能看起来极其惨淡。有些人会感到内疚，疑惑自己的哪些所作所为导致了婚姻的破裂，也有些人可能会有一种完全被拒绝和深深的失落感，不确定他们是否能在这种情况下胜任家长的角色。离婚后的最初几年，人们会过得很困难，在这种情况下，明智的做法是寻求额外的支持来帮助自己面对已经发生的事。

但事情会改变的，随着时间的流逝，大多数人都能重新适应。家里的孩子们在适应新的家庭安排上需要一些帮助。如果可能的话，应该建立一种生活模式，通过这种模式，他们可以与离家的父母保持联系。对于年幼的孩子来说，定期拜访或见面很重要，但随着年龄的增长，尤其是到了青少年时期，他们在与离家父母见面的安排上想拥有更多的控制权，这可能意味着与离家父母的见面不再那么有规律。最关键的是，这些是由父母双方共同维护和促进的。

单亲父母面临着特殊的挑战，其中之一就是既要唱红脸又要唱白脸。在双亲家庭中，一个成年人掌握并设定界限，而另一个成年人则提供可以依靠的肩膀。而当父母中的一方必须同时扮演这两个角色时，家庭中的每个人都会感到困惑和压力。当父母自己还在适应新的生活时，这种感受尤其强烈。正如下面这位母亲所描述的：

离婚第一年的时候，我对孩子的界限太过软弱和模糊。我真的情感波动很大，觉得很难。孩子在不断地逼我，试探我，看自己能越界到哪儿。我会感到内疚，因为我分居了，我觉得不知道自己在哪里。一旦我自己站稳了，我就知道自己的立场，然后孩子们也就知道了我的立场，他们再也不会失控了。

在这个例子里，母亲看到了真正的需求，当她自己恢复后，她就能为青少年设定好他们所需的界限。但情况并不总是如此。许多单亲父母感到孤独，反而求助于自己的儿女（尤其是女儿），寻求孩子的支持，必须要当心这种情况。

一方面，青少年必然会满足父母的需要，享受和父母的亲密关系。

而另一方面，青少年也确实需要他们的父母"成为父母"——设定界限，但也允许更多的自主权。父母和青少年之间太过亲密会让人感到困惑，而且不一定对青少年健康成长有帮助。

离婚后，许多单身父母不得不处理青少年的愤怒。这可能是过度的、非理性的愤怒，就像小孩子发脾气一样。这种愤怒随时会爆发，经常在不恰当的时候和场合表达出来。记住这一点会对你有帮助：很多事都会让青少年感觉愤怒。比如他们被拒绝，很失落，他们"正常的"家庭生活消失了，取而代之的是全新的关系和不确定的环境。

处理这种愤怒很困难，但它必须被认识到、被承认和被讨论，试图回避或忽略这种愤怒不会有任何帮助。青少年在面对家庭变故时需要帮助，而这种支持通常来自父母。如果父母能敞开心扉，允许孩子表达这些感受，这就意味着随着时间的推移，这种情绪会变得更容易管理。一位父亲，面对自己愤怒的儿子，他是这样回应的：

我试图更多地表达我对他的情感。我告诉他我爱他，关心他，他很特别。我说他可以随时找我谈谈。我仔细思考了任何我没有对他说过的话，并尽可能坦率地表达我对他的情感。

最后，单身父母应该意识到他们自己也有需求。许多单身父母竭尽全力想成为一个超级父母，弥补失去的一切。在这样做的时候，他们忘记了自己也是人，也会有需求。单亲父母需要支持，也需要独处的时间，他们越能找到这种支持，就越能够满足家庭中青少年的需要。

离异或重组家庭的积极影响

最后，我想谈谈离婚或重组家庭所带来的积极影响。对那些不得不生活在父母间严重冲突中的孩子来说，父母离婚可能是一种解脱，因为这种情况不再发生了。我们不应该低估这种持续冲突对青少年的影响，在这样的家庭中长大的孩子会觉得这是一个巨大的负担。虽然离婚会给孩子们带来复杂的感觉，但是，一旦孩子们不再生活在持续的冲突中，毫无疑问他们的负担减轻了。

离婚的积极影响还有两点不得不提。首先，随着新家庭和重组家庭的出现，青少年可能会承担新的角色，这些角色可能被赋予更多的自主权和责任。如果家里父母双全，即使青少年已经准备好承担更多的责任，他们也没有机会去扮演成年人的角色。而在父母离婚后或在一个新的家庭中，青少年很可能有机会扮演一个更成熟的角色，为其成长和发展提供机会。

其次，孩子与继父母或新伴侣的关系建立可以产生很多正面的影响，这一点很重要。关于继父母的讨论大多集中在挑战和困难上，本章中已经讨论过一些。然而，与非亲生父母的成年人建立新的关系也会产生很多好的影响。在最好的情况下，继父母或新伴侣可以为孩子提供支持、陪伴，建立一种非常特殊的友谊，这种友谊不同于从任何其他成年人那里获得的友谊。

译后记

作为和青少年及家长都有很多交流的心理工作者，深知青少年和家长之间无话可说这件事。一方面，我们知道，青春期的孩子随着大脑和身体的发育，其自我认同的发展也慢慢开始了，他们愿意花越来越多的时间和同伴在一起，也更重视同伴对自己的评价，而和父母却慢慢地渐行渐远；另一方面，我们也清楚，青少年在处理个人事务上绝对需要父母的指导，他们还没有能力自己来决定所有的事。

所以，当青少年或者他们的父母找到我们，告诉我们这样一些事实："我和我妈妈无话可说，我们说什么都说不到一块儿去""我的儿子现在完全跟我没话说，他可以一天都跟我不说一句话，但是我明明看到他在手机上和同学聊得火热"……听到这里，我们会很希望去建立父母和孩子之间的沟通渠道。出现这样情况的家庭并不在少数，甚至可以说，能和父母无话不谈的青少年，少之又少。为什么会这样？这和青少年时期的身心发展特点有关系，也和父母教养方式有关系。我们可能会告诉青少年，你的父母还是爱你的，只是方法不太对；或者父母可能确实有问题，是否可以尝试找到一些其他的资源来支持自己。我们也会告诉父母，要尊重孩子，理解孩子进入青春期之后会寻求独立，会有很多的变化，要试着去理解他们，并且尝试告诉父母一些基本的相处原则。但父母们遇到的问题五花八门，简单的指导可能无法帮助他们深入地理解问题发生的缘由以及问题解决的多种途径。在处理这一类问题上，有许多理论能帮助我们理解问题，也有相应的方法来指导解决这些问题，但对这类问题的理解和解决，一直比较缺乏框架性的理论和方法。

所以，当《为什么我的青春期孩子不和我说话？》这本书出现在我的面前时，我的眼前一亮。这个问题早就萦绕在耳边很久，我迫不及待想要从书里去寻找答案。结果如人所愿，我们十分欣喜地看到了解决这一类问题的框架性理论和非常务实的方法指导，决定开始翻译。虽然青少年面临的问题多种多样，他们不和父母说话的理由也五花八门，但书中的答案也丰富多彩、富有力量。本书的作者约翰·科尔曼(John Coleman)教授非常善于和父母沟通，他不仅是一名研究者、学者，更是一名实践家，有着十分丰富的实践经验，十分懂得站在父母的角度来看待青少年。书中案例丰富，文字语言生动、通俗易懂，方法务实可操作。你完全不必是一个专业工作者，就可以轻松读懂约翰·科尔曼教授想要传达的观点。

就像本书的推荐者所说，这是所有青春期孩子的父母床头和书架上必备的一本书。读完这本书，你会懂得为什么青少年会出现这样那样的问题，一旦当孩子们真的出现问题时，你就会轻松地呼出一口气："我早就在约翰·科尔曼教授的书上知道了这个问题，我知道该怎么处理这个问题。"

本书由我和我的两个亲密伙伴一起翻译和审校，第一部分主要由刘胜男翻译，第二部分主要由王晓菁翻译。我非常感谢两位伙伴对我的帮助与支持，她们长时间的工作投入才得以使这本书与中国读者见面。我们在翻译的过程中有很多的收获和成长，也希望本书为读者们带来思考和启迪。

尽管我们尽最大努力追求完美，但由于翻译水平及时间所限，仍不免会有疏漏之处，还希望读者朋友们多多包涵，不吝指正。

蔺秀云 于北京师范大学

2020.5.20